3D 프린팅 활용과 실무

이양창 유충현 김철환

진샘미디어
JINSAEM

개 요

우리 인류는 상상하는 모든 것들을 과학기술을 기반으로 현실화시키고 있다. 1차산업혁명 이후 컴퓨터 기술의 발전과 인터넷 기술 발전에 의한 스마트 기술의 보편화로 4차 산업혁명시대가 개막되었다. 알아서 움직이는 자율주행자동차, 내가 필요한 정보를 빠르게 정리하여 정확한 데이터를 제공할 수 있는 빅데이터 시스템, 사람들의 수준에 다다르는 인공지능(AI), 제조산업에 다양한 스마트 장비에 의해 생산을 하는 스마트 펙토리, 인간의 삶을 더욱 편리하게 하는 사물인터넷(IOT), 이제는 자신이 생각하는 것을 제품으로 바로 제조할 수 있는 3D 프린팅 기술, 가상현실기술(VR)을 이용한 산업환경 변화에 우리는 다양한 경험을 필요로 하고 있다. 산업변화가 물리적인 산업 환경에서 창의적 아이디어와 실용적 기술(기능) 창출을 필요로 하는 4차 산업으로 변화하고 있다. 특히, 모든 산업에 밀접한 관계로 부각되는 것이 Software와 융합된 Hardware 산업 발전이다. 즉, 지식기반에 의한 융복합산업의 발전이 중요시되고 있다.

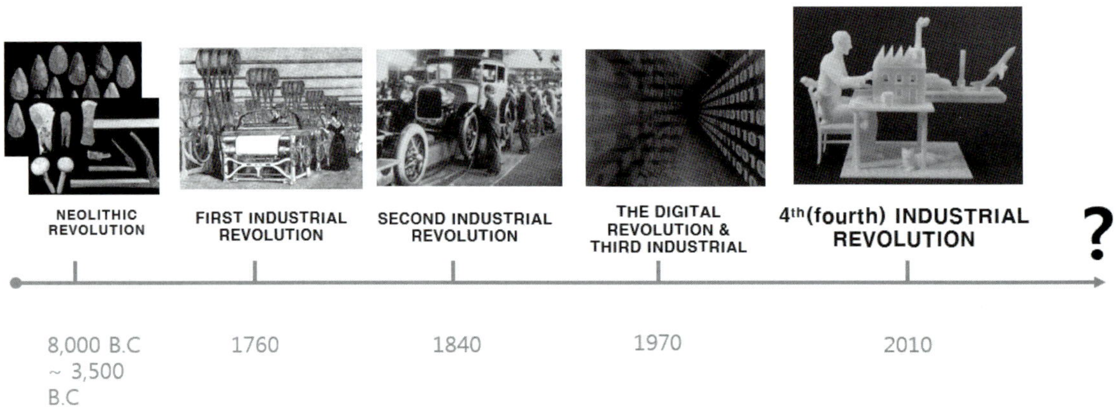

■ 그림 1 산업혁명의 변화

우리는 4차 산업혁명시대에서 우리는 무엇을 할 것인가, 또는 무엇을 준비해야 할 것인가에 대한 생각을 많이 해야 한다. 그러나 우리는 이미 4차 산업에 필요한 다양한 기술들을 일상에서도 접하고 있음을 우리는 잘 모르고 있는 듯 하다. 세계 최고의 정보통신기술(ICT) 등으로 인해 우리는 다양한 부분에 발전된 기술들을 활용하고 있다. 다만, 우리는 다양한 기술을 서로 협업하여 융합된 기술로 발전시켜 부가가치를 창출하고자 하는 부분에서 아직도 부족한 상태이다. 우리는 세계적인 인터넷 기술 인프라와 제조업기술을 갖추고 있지만 "융합과 협업"의 부족으로 속도가 매우 늦은 것으로 전문가들은 말하고 있다.

우리가 가장 필요한 것은 다양한 분야의 융합기술 개발과 그룹별 협업업무 체계가 사회전반적으로 이루어져야 할 것으로 본다. 앞으로 4차 산업시대에서 가장 큰 변화를 일으키는 제조분야에서는 3D 프린팅 기술이다. 이 분야는 산업전반에 많은 변화를 가져올 것이다. 특히, 바이오분야와 의료분야 등은 물론 일반 제조업 분야에 매우 큰 영향을 미칠것으로 전문가들은 판단하고 있다. 따라서 우리의 미래기술로 산업전반에 걸쳐 큰 영향을 끼칠 융복합기술분야에 교육분야에서 보다 체계화된 교육 콘텐츠 개발과 더불어 실용 가능한 실무중심의 직무교육이 그 무엇보다 중요한 시점이기도 하다.

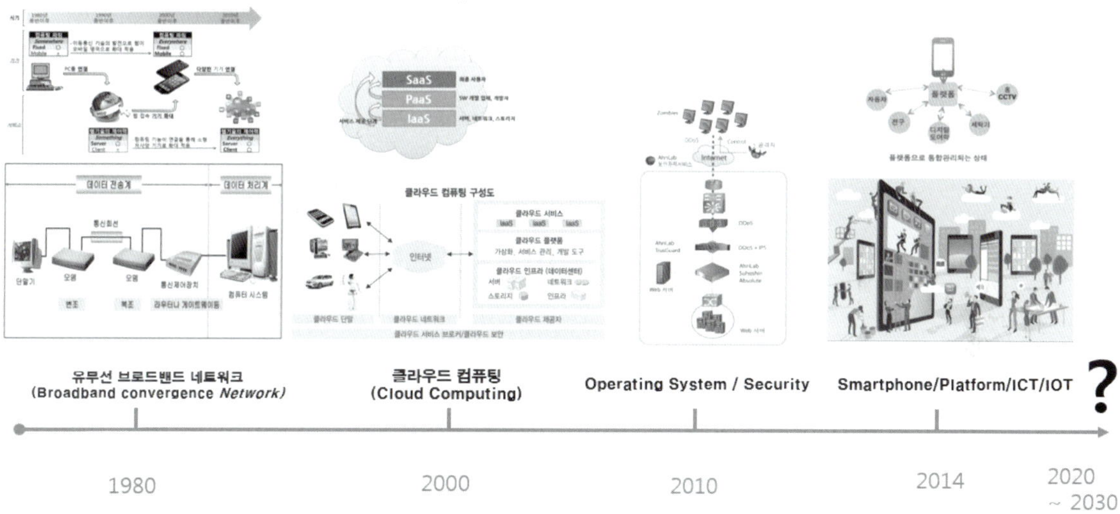

■ 그림 2　정보통신기술의 변화

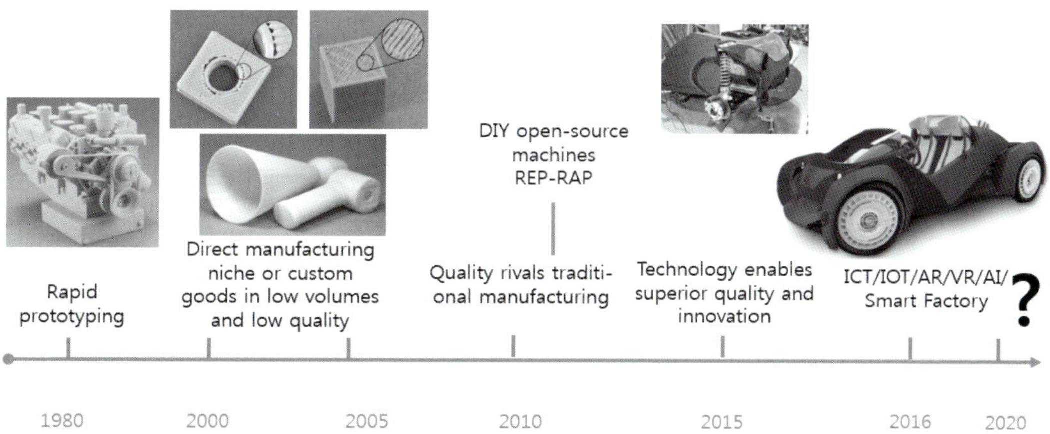

■ 그림 3　3D 프린팅 기술의 변화

이러한 부분들을 사전에 준비해야 하는 곳이 또한 교육기관이다. 4차 산업혁명시대에서의 교육은 획일적인 교육방식보다는 "창의력 교육" 시스템 운영과 사회 전반적인 정책변화가 함께 변화하여야 하는 것이다. 과거에 비해 현재의 산업변화 속도는 굉장히 빨라졌고 이에 따라 교육도 다양한 경험과 지식을 함양할 수 있는 시스템으로 진화하여야 한다. "4차 산업혁명시대에서는 현재 직업에 약 70%가 현재까지 알려지지 않은 직업군이 만들어질 것이다"라고, 도미니크바튼(Dominic Barton) 맥킨지앤드 컴퍼니 글로벌 회장은 말했다. 바튼 회장은 4차 산업혁명의 성공요건으로 규제완화(유연한 규제로 정보의 효율적인 공유를 유도), 보안강화(완전 자동화가 가져올 안전성 문제 극복), 공감대(공공부문과 민간 사이 파트너십 확대 필수), 기술훈련(환경에 적응해야 인공지능(AI)등과 공존가능)으로 지적했다. 4차 산업혁명시대에서는 "정보의 공유"를 효율적으로 하기 위해 클라우드(cloud)기반의 시스템이 일반화 될 것이고 급변화는 환경에 빠르게 적응하기 위해서는 지금보다 숙련돼 있어야 한다. 즉, 교육기관의 교육 시스템이 지금보다 더더욱 유연한 시스템으로 변화하여야 한다. 그러나 종전과 같은 교과중심의 교육이 아닌 "창의력, 실무적인 체험에 의한 결과도출과 협업에 의한 문제해결 중심의 교육" 시스템으로 발전하여야 한다고 생각된다.

이러한 사회적 변화에 대응하기 위해 저자는 실용적 교육모델을 개발하여 현장에 적용하고 있다. 개발된 모델은 2014년 대림대학교 교수학습센터의 지원으로 Kagan의 자율적형태학습 모형을 참고하여 보완된 학습모형인 C.P.S(cooperative, problemsolving, self-directed) "2015년 학국저작권협회 등록"된 학습모형이다. 개발된 학습모델의 교육목적은 협업과정(cooperative)을 통한 문제해결(problem solving), 자기주도적(self-directed) 실무중심의 교육내용으로 전공 직무능력을 향상 시키고자 함이다. 특히, NCS기반교육과정을 접목한 체계적이고 융합된 직무교육을 통해 보다 창의적인 교육과정과 팀간의 협업에 의한 성과를 얻고 있다.

따라서, 본 교재는 교수자와 학습자가 상호 소통하며 4차 산업혁명 시대 제조분야에서 많은 변화를 가져올 "3D 프린팅" 활용능력을 향상시키기 위해 다양한 전공분야의 모델을 이용하여 3D 프린팅 과정을 상호간의 협업과 문제해결 중심으로 보다 숙련된 3D 프린팅 기술로 스스로 활용할 수 있도록 구성하였다. 따라서, 본 교재를 교육기관에서 다양한 교육과정에 활용할 수 있기를 기대한다.

교육 진행 중 안전 수칙

1. 재료가 출력되는 노즐의 온도가 고온(200℃ 이상)이므로 노즐 주변 장치에 신체를 접촉할 경우 화상을 입을 수 있으니 조심하세요.
2. 출력 후에도 온도가 완전히 내려가기 전까지는 노즐 부위를 만지면 화상을 입을 수 있으니 조심하세요.
3. 노즐이나 히팅베드에 신체를 접촉할 경우 화상을 입을 수 있으므로 완전히 냉각되기 전에는 만지지 마십시오.

4. 프린터의 움직이는 장치에 신체의 일부가 끼여 상해를 입을 수 있으니 주의하세요.

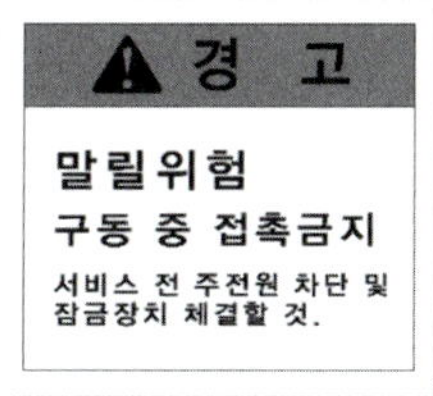

5. 도구를 사용할 경우 상처를 입지 않도록 주의하세요.
6. 출력물 및 버려지는 재료를 삼킬 경우 질식 등의 위험이 있으므로 삼키지 않도록 하세요.
7. 전기 콘센트를 다룰 경우에는 감전에 주의하세요.

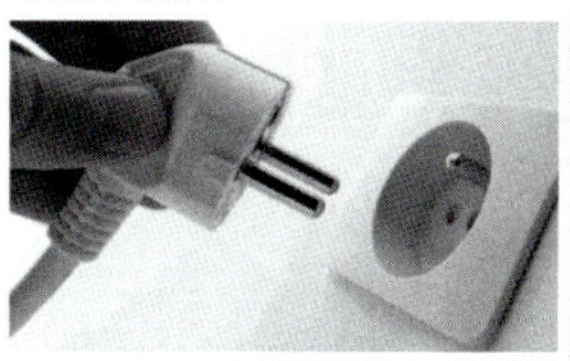

목 차

Chapter 04 책상용 LED 스탠드 제작

Chapter 05 조립식 건축모형 제작

부록

Chapter

01

3D 모델링과 슬라이서

01 개요

3D 프린팅을 위해서는 컴퓨터에서 설계 소프트웨어를 이용하여 형상을 설계하는 단계에서 전개되는 아이디어에 따라 설계할 물체의 형상을 3차원으로 구체화 하는 과정이 필요하다. 설계지원 도구로서의 3D CAD 소프트웨어는 이러한 형상의 상세화 과정을 용이하게 해주고 있다. 전형적인 CAD 소프트웨어는 2가지로 구분되어 사용되고 있는데 하나는 설계 아이디어를 2차원에서 구현할 수 있게 해주는 컴퓨터이용제도 시스템(2D CAD system)과 형상을 입체화 시킬 수 있는 3차원 모델링 시스템(3D CAD system)이 있다. 즉, 아이디어의 전개에 따라 형상을 구체화시키는 설계과정에서 3D CAD 소프트웨어를 필수적으로 사용하게 된다. 형상 모델링은 변천과정에 따라 와이어프레임 모델링 시스템(wireframe modeling system), 곡면 모델링 시스템(surface modeling system), 솔리드 모델링 시스템(solid modeling system), 그리고 비다양체 모델링 시스템(nonmanifold modeling system)으로 분류된다.

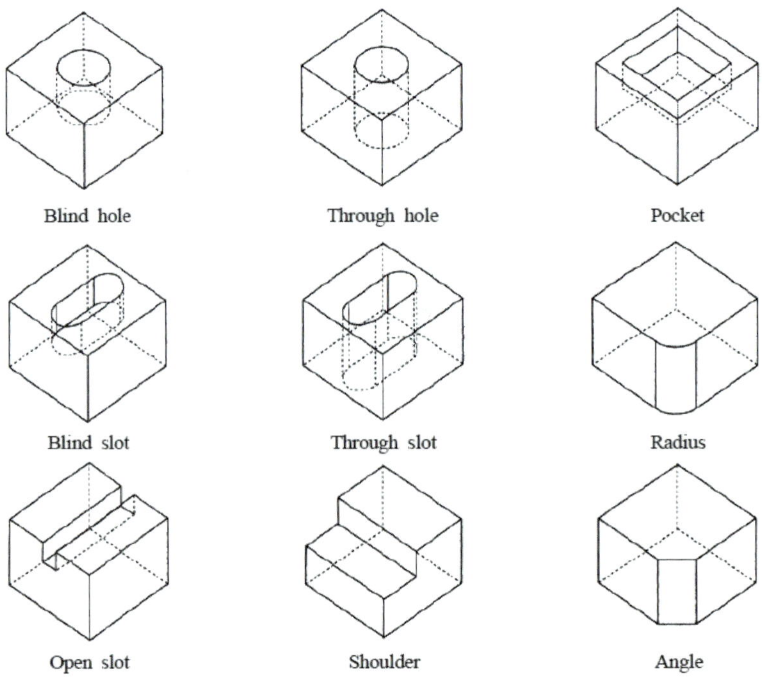

■ 그림 1.1 전형적인 솔리드 모델링 형상들

특히, 요즘 다양한 Open 소스 소프트웨어들의 기능이 매우 향상되어 도면에 대한 지식이 다소 부족하더라도 펜과 종이 등이 없이도 설계와 3차원 모델링이 가능하도록 접근성이 매우 좋아지고 있다. 대표적으로 OpenSCAD와 같은 소프트웨어들은 코딩 형태의 소프트웨어로서 영국에서는 초등학교 교과목으로 사용하고 있을 정도이다. 3차원 모델링 시스템은 실물 모델을 만들고 자연스럽게 다룰 수 있는 실제와 유사한 환경을 제공하면서 실제모델을 사용할 때 발생하는 제반 문제점을 해결할 수 있다. 3차원 모델링은 수학적 표현을 가지고 있기 때문에 시제품 생산이나 양산을 위한 정확한 치수관리에 매우 유용하다. 또한, 정보통신기술(ICT)의 발달로 클라우드(Cloud)기반의 3D CAD 시스템들이 보급되고 있다. 대표적으로 Onshape Software가 있다. 교육기관에는 무료로 사용할 수 있도록 공급자의 정책에 의해 다양한 사람들이 사용하고 있다. 인터넷이 연결되는 곳이라면 언제 어디서나 3차원 모델링 정보를 다루고 사용할 수 있다. 그리고 3D 프린팅을 위한 다양한 출력 Format들이 지원되고 있다.

■ 그림 1.2 Full Cloud 3D CAD Onshape(자료: http://www.cloudeng.co.kr/blank-14)

02 3D 모델링과 파일 변환

3D CAD 소프트웨어에서 모델링된 데이터 형식은 다양한 형태로 되어 있다. 따라서, 서로의 작업 편리성과 정확성을 위해 파일 형식을 규정하고 표준화하여 사용한다. 특히, 3D 프린팅 작업을 위해서는 STL 파일의 형식으로 변환하여 사용한다. STL 파일은 3D System사가 Stereolithograhy CAD 소프트웨어 포멧으로 만들어 사용한 이후에 현재 다양한 CAD 소프트웨어에서 사용하고 있다. STL 파일은 3차원 데이터를 표현하는 국제표준 형식 중 하나로 대부분의 3D 프린터에서 입력 파일로 사용되고 있다. 이 파일을 창안한 사람은 3D System사의 공동 설립자인 찰스홀이라고 한다. STL은 입체 물체의 3차원 형상을 무수히 많은 3각형 면으로 구성하여 표현해 주는 일종의 폴리곤 포멧이기 때문에 삼각형의 크기가 작을수록 고품질의 출력물 표면을 얻을 수 있는 것이다. STL 파일은 완벽한 곡면을 표현하기가 곤란하지만 3각형의 분할수를 많이 늘려서 보다 섬세한 삼각형으로 그려내면 곡면과 유사한 형상이 된다. STL 파일의 생성은 보통 3D CAD 소프트웨어에서 내보내기(Export)로 저장할 수 있다.

3D Modelig(onshape)

STL Model

■ 그림 1.3 Solid Model과 STL 파일 변환(Full Cloud 3D CAD S/W)

STL 포맷은 기본적으로 색상(Color)에 대한 정보는 저장하지 않으나 컬러 3D 프린팅을 위해 STL 파일 포맷을 컬러 정보를 표현할 수 있도록 많은 전문가들이 개발하고 있다. STL 파일의 종류는 ASCII, Binary Type이 있다. STL, OBJ, DXF, 3DS등 기존의 3D모델파일이 입력되면 방향성 X, Y, Z의 방향성 정보를 갖는 Normal Vector와 X, Y, Z축으로 점을 표현하는 Vertex 정보 3개를 이용해서 선을 연결하면, Polygon이 생성된다. 생성된 Polygon의 집합을 Mesh라고 한다. 표현되는 형상은 Triangle구조의 Mesh형태 모델이 화면에 나타나게 된다.

03 슬라이서

3D CAD에서 모델링된 파일을 STL 파일으로 변화하여 3D 프린팅하여야 실질적으로 사용할 수 있는 제품을 제작할 수 있다. 따라서 Solid 모델링에서 STL 파일로 변환된 파일을 이용하여 3D 프린팅 조건에 맞게 모델을 슬라싱(Slicing) 작업을 하여야 한다. 3D 프린팅 소프트웨어는 출력 속도, 소모되는 재료량, 출력물의 견고성, 외관의 품질 등에 많은 영향을 미치게 된다. 따라서, 이를 향상시키기 위한 소프트웨어 기술들이 활발히 연구개발되고 오픈소스 소프트웨어들이 보급되고 있다. 3D 프린팅 소프트웨어에서 중요한 것은 슬라이싱과 내부채움, 지지대 및 균형잡기, 분할 출력, 외관의 품질향상 등을 고려한 최적화된 프린팅 기능들이 있다. 슬라이싱 소프트웨어는 3D 모델을 프린터에서 층별로 출력할 수 있도록 단층 형태로 변환하는 소프트웨어로서 다양한 조건을 입력하여 사용할 수 있도록 하였다. 또한, 3D 프린팅 결과물의 품질과 강도 등을 고려한 프린팅을 위하여 슬라이싱(Slicing) 소프트웨어는 다양한 내부채움 패턴을 제공함으로써 출력물의 강도, 무게, 재료량 등을 조절할 수 있게 해주고 있다.

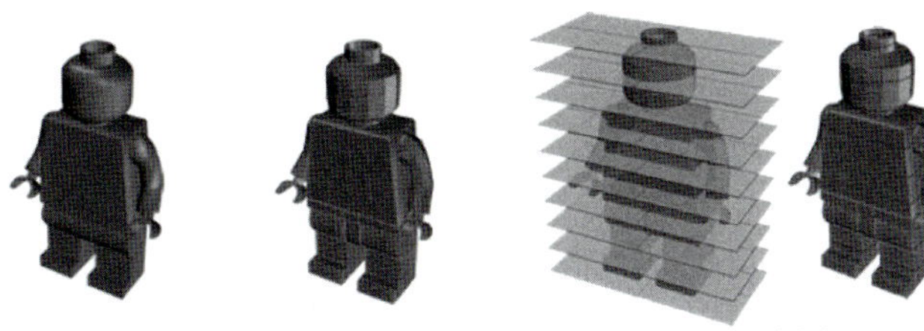

CAD MODEL　　STL 파일변환　　SLICING(슬라이싱)

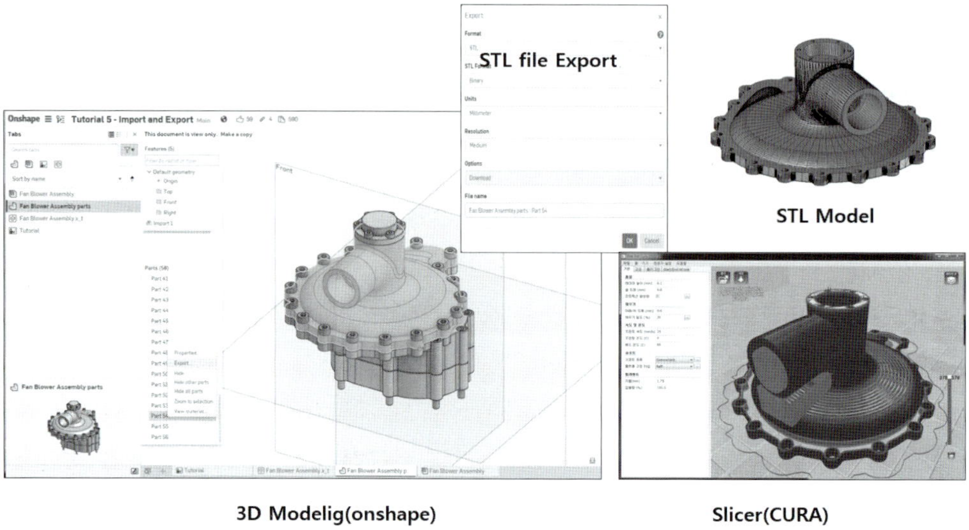

그림 1.4 Solid Model과 3D 프린팅을 위한 슬라이싱 과정

대표적인 슬라이싱 소프트웨어는 Cura, Slic3r, KISSlicer, Skeinforge 등이 있다. 그림 1.5는 Ultimaker사에서 오픈소스로 지원하는 Cura 슬라이싱 소프트웨어의 내부채움 패턴을 보여주고 있다. FDM/FFF 프린터를 사용할 경우 이러한 내부채움 조절을 통해 디자인 초기 단계에서는 전체 형상을 보기 위해 내부채움이 없는 상태로 출력하거나 채움 정도를 낮게 출력하여 재료도 절약하고 프린팅 속도도 빠르게 할 수 있다. 반면에 최종적인 디자인이 완성된 후에는 내부채움 정도를 높게하여 최종 결과물을 출력할 수 있다. 그러나 현재 3D 프린팅에서 내부채움은 출력시간, 무게, 강도 등에 영향을 주기 때문에 출력물의 용도에 맞게 사용자가 결정해 주어야 한다. 슬라이싱 프로그램에 따라 동일한 내부채움 수치임에도 불구하고 출력물의 무게에 차이가 있을 수 있다. 그러므로 표준화된 슬라이싱 소프트웨어의 개발과 적용이 필요한 부분이다.

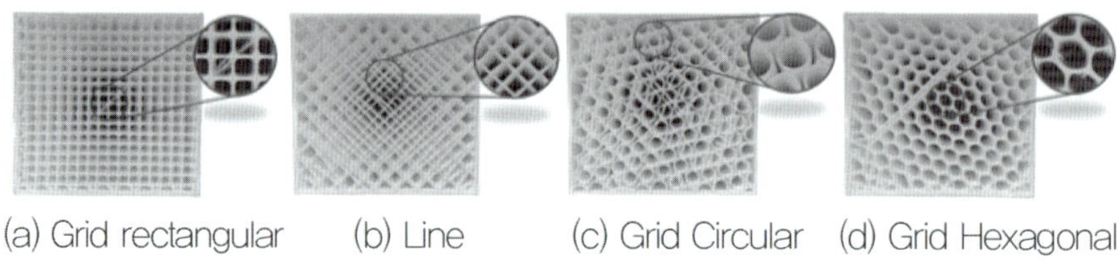

그림 1.5 Cura 슬라이싱 프로그램의 내부채움 패턴 예

04 3D 프린팅

슬라이싱 과정을 통해 실제적으로 3D 프린팅을 하여야 한다. 슬라이싱 과정에서 얻어지는 데이터는 3D 프린터 제작업체마다 다양하다. 미국 Stratasys사의 FDM 장비는 전용 슬라이싱 소프트웨어를 사용하기 때문에 3D 프린터를 직접 제어하여 3D 프린팅을 하는 전용장비이다. 또한 3D 프린터의 구조가 챔버내의 온도가 일정하게 유지되도록 되어있고 소재 습도관리는 물론 서포트 재료와 파트재료가 구분되어 있다. 따라서, 프린팅 결과물은 매우 우수하다. 그러나 보급형 3D 프린터는 우선 오픈 소스에 의한 슬라이싱 작업에서 3D 프린터가 작업을 할 수 있도록 파일을 변환하는 과정이 필요하다. 즉, 슬라이싱 과정을 통해 생성된 파일을 G-code라고 불리는 파일로 슬라이싱된 모델에 대한 3D 프린팅 과정 명령을 출력하게 된다. 슬라이싱 소프트웨어는 G code 컴파일러(Compiler)라고도 하며, 3D 모델을 프린터가 처리할 수 있는 명령어로 변환하는 소프트웨어이다. 변환된 G-code는 프린트런(PrintRUN)이라는 소프트웨어를 이용하여 3D 프린터를 제어하여 출력을 실행할 수 있다. 슬라이서는 3D 데이터를 가지고 실제 프린팅을 진행하기 위해 사용되는 원료를 쌓는 경로와 속도, 압출량 등을 계산해서 G-code를 만들어 내기 때문에 슬라이싱 소프트웨어의 기능에 따라 품질의 차이가 크게 발생한다. 슬라이싱을 위한 주요 설정 값은 다음과 같다(단, 슬라이서 소프트웨어마다 조금씩 지원되는 제어 범위가 다를 수 있다).

① 적층 두께, ② 쉘 두께, ③ 내부 채움 비율, ④ 인쇄 속도, ⑤ 압출 온도 및 조형판 온도, ⑥ 지지대(Support) 적용 유무 및 적용 유형, ⑦ 플랫폼 적용 유무 및 적용 유형, ⑧ 필라멘트 직경, ⑨ 압출량 비율, ⑩ 노즐 직경, ⑪ 리트렉션 적용 유무 및 적용 범위(간격 및 속도), ⑫ 트래이블 속도, ⑬ 쿨링팬 가동 유무

표 1.1에서 FDM 방식의 3D 프린팅 결과물을 조건에 따라 차이가 있음을 비교하고 있다. 여기서 스트라타시스 3D 프린터에서의 프린팅 결과물은 내부채움과 적층두께 매우 일정하게 프린팅 되었고 저가용 보급형 3D 프린터에서 프린팅된 결과물은 내부채움에서 일정하지 않고 적층과정에서 제품의 변형이 크게 일어나는 현상을 확인할 수 있다. 이는 스트라타시스 3D 프린터와 고가의 장비에서 챔버온도 유지 등의 영향으로 안정적인 결과물이 프린팅 되고 일반적인 보급형 3D 프린터는 오픈된 구조로 대류에

의한 온도변화제어가 불가능하다. 따라서 프린팅된 결과물이 크게 차이가 있음을 알 수 있다.

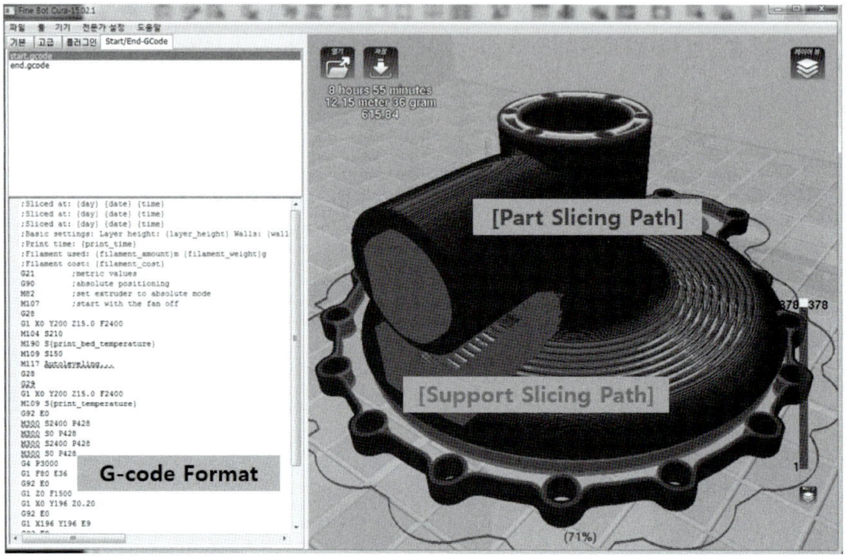

그림 1.6 Part 및 Support Slicing에 의한 G-code 생성과정(CURA)

■ 표 1.1 3D 프린팅 조건별 내부채움과 표면 거칠기 결과비교

구분	그림(결과물)	내용(3D 프린팅 조건)
1		• 장비 : Stratasys 프린터 • 소재 및 크기 : ABS Plus(20×20×20) • 사용량 : 6.465g / 3.915g • 노즐직경 : Ø 0.4mm • 노즐온도 : 295℃ • 적층두께 : 0.254mm
2		• 장비 : Stratasys 프린터 • 소재 및 크기 : ABS Plus(20×20×20) • 사용량 : 5.908g / 3.583g • 노즐직경 : Ø 0.4mm • 노즐온도 : 295℃ • 적층두께 : 0.178mm
3	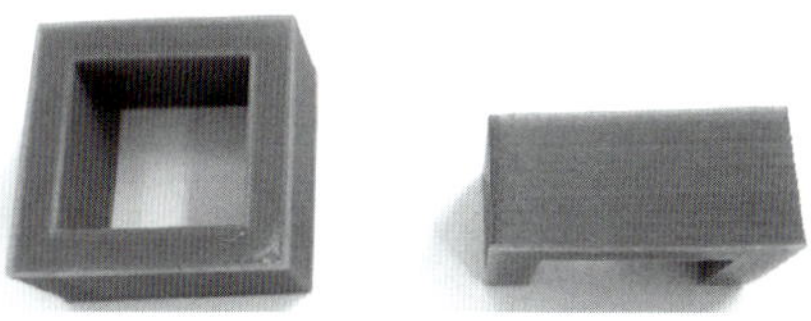	• 장비 : 보급형 3D 프린터 • 소재 및 크기 : ABS(20×20×20) • 사용량 : 8.598g / 5.352g • 노즐직경 : Ø 0.4mm • 노즐온도 : 226℃ • 적층두께 : 0.2mm • 이송속도 : 20mm/s
4	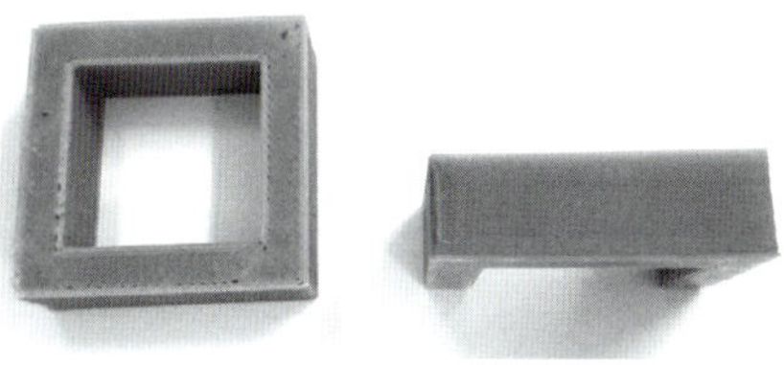	• 장비 : 보급형 3D 프린터 • 소재 및 크기 : ABS(20×20×10) • 사용량 : 5.872g / 3.518g • 노즐직경 : Ø 0.4mm • 노즐온도 : 230℃ • 적층두께 : 0.1mm • 이송속도 : 30mm/s
5		• 장비 : 보급형 3D 프린터 • 소재 및 크기 : ABS(60×20) • 노즐직경 : Ø 0.4mm • 노즐온도 : 260℃ • 이송속도 : 20mm/s • 적층폭 변화 : 시작부분 약간 넓어짐

05 3D 프린팅과 수축률

수축이란 아래 그림 1.7에서 나타나 있듯이 어느 중심으로부터 성형후 냉각된 이후의 제품이 일정치수만큼 전체적으로 줄어드는 현상이다. 폴리머 재료 즉, 플라스틱 재료는 일반적으로 성형 제품 제작용으로 많이 사용한다, 성형작업은 기본적으로 재료를 고온에서 액체로 만든후 형틀에 주입하여 냉각하는 과정에서 제품 치수가 줄어드는 현상과 휨 현상이 발생하게 된다. 뿐만 아니라 성형작업 과정에서도 많은 변형이 발생하게 된다. 따라서 성형 조건이 충족하는 환경에서 작업이 이루어져야 한다. 특히, 온도와 공기중의 습기가(대부분의 플라스틱에 대해) 많은 영향을 미쳐 치수의 변화를 가져올 수 있기 때문이다.

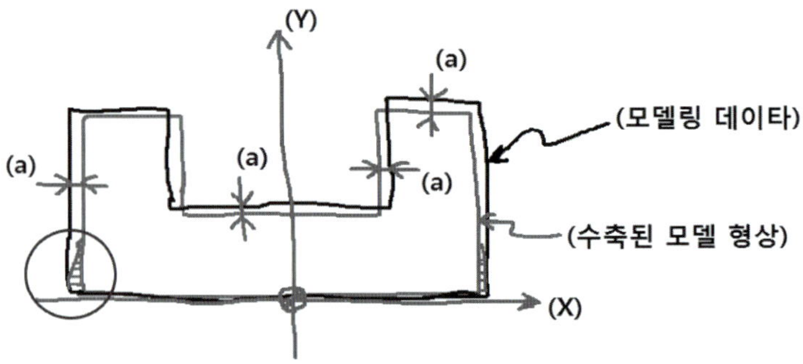

■ 그림 1.7 성형 이후 냉각과 수축률 현상 시각화

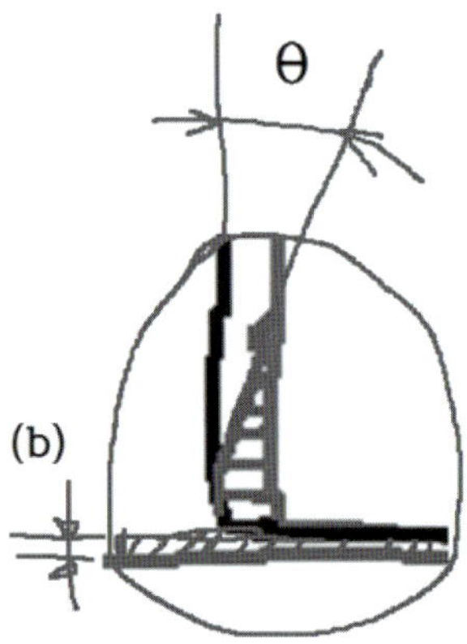

■ 그림 1.8 3D 프린팅 시 바닥과 제품 상단과의 기울기 발생 현상

수축률은 실험에 의해 재료를 생산하는 기업체별로 수치화 되어 있거나 성형조건을 제시하고 있다. 그러나 플라스틱 재료는 수축과 더불어 실제 제품의 치수는 제품의 왜곡(휨)과도 관계된다는 것을 알고 있어야 한다. 특히, 그림 1.8에서 원형부분은 3D 프린팅 작업에서 수축에 의한 현상을 나타내고 있다. 이는 3D 프린팅 특성상 바닥(베이스) 부분이 접착력에 의해 단단히 붙어있어 상대적으로 변형이 빠르게 일어나는 제품 상단으로 갈수록 기울기가 심하게 발생하는 현상이다. 따라서, 3D 프린팅 작업시 수축에 의한 제품의 기울기를 감안하는 모델링 기법을 활용하는 것이 중요하다. 이는 3D 프린팅 이후 제품의 조립에도 매우 큰 영향을 미치기 때문이다.

■ 표 1.2 플라스틱 재료별 수축률

구분	수지명	성형온도	수축률
1	HDPE(폴리에틸렌)	190℃~280℃	18/1000 고압
2	LDPE (Low density poly elhylene)		25/1000 저압
3	PP(폴리프로필렌)	190℃~270℃	15/1000~18/1000
4	PA(폴리아미드, G/H30%)	210℃~260℃	5/1000
5	나일론66(PA66)	240℃~300℃	15/1000~18/1000
6	POM(폴리아세탈)	180℃~200℃	18/1000~20/1000
7	HIPS(폴리스티렌, G/H20%)	180℃~240℃	4/1000~5/1000
9	ABS	180℃~230℃	4/1000~5/1000
12	PC(폴리카보네이트)	260℃~310℃	4/1000~5/1000 (100m/m 이상 5~6/1000)
14	PVC(염화비닐)	경질 165℃~185℃ 연질 150℃~160℃	20/1000 25/1000
15	AS(투명)	220℃~240℃	4/1000~5/1000
16	PET-G	250℃~260℃	3/1000~4/1000

Chapter

02

오픈소스 소프트웨어와 3D 프린팅

01 개요

일반적으로 고가의 3D CAD 소프트웨어는 일반 사용자들이 쉽게 구입하여 사용하기가 어렵다. 그러나, 3D 프린터의 확산으로 사용자들이 간단하고 일반적인 형상들을 3D CAD로 모델링 할 수 있어야 하는데 이를 해결하기 위해 다양한 오픈소스 소프트웨어들이 보급되고 있다. 오픈소스 소프트웨어는 무료로 누구나 사용할 수 있도록 하였다. 여기서는 코딩형식의 파라메틱기법에 의한 모델링 오픈소스 소프트웨어인 OpenSCAD를 활용하여 간단하지만 수학적 원리를 이해할 수 있으며 다양한 형상의 3D 모델링을 할 수 있는 소프트웨어를 활용하여 3D 프린팅 하는 과정을 설명하였다.

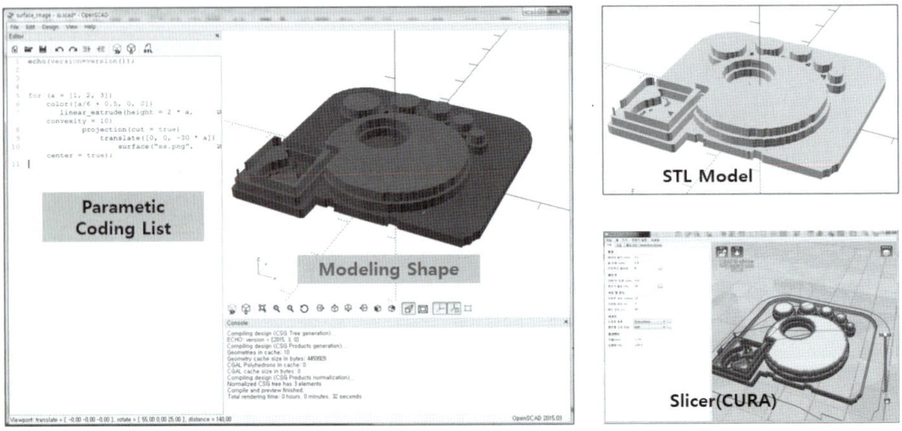

■ 그림 2.1 OpenSCAD 소프트웨어를 이용한 3D 모델링 및 슬라이싱 작업

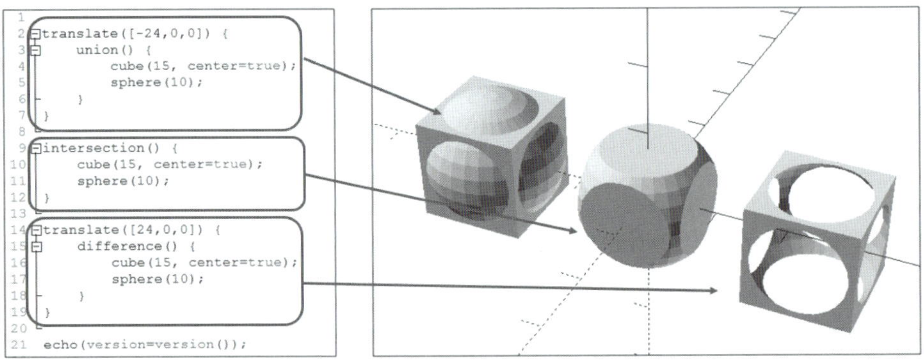

■ 그림 2.2 스크립트 코딩과 솔리드 모델링 결과

관련 소프트웨어 다운로드는 "http://www.gnu.org/philosophy/free-sw.html"에서 다운 받아 설치할 수 있다. OpenSCAD는 고난이도의 3D 모델링보다는 도형측면에서 3D 모델링이 가능하도록 한 CAD 소프트웨어이다. 즉, 일반적인 기계설계용 3D CAD 소프트웨어와 같은 대형부품 3D 모델링의 지원은 다소 어려움이 있다. 즉, 모델링의 정보를 코딩언어를 이용하여 객체에 대한 정보를 형식에 맞게 스크립트 파일로 작업하고 전처리 기능에서 스크립트 파일을 처리하여 3D 모델을 생성하고 동시에 랜더링하여 형상을 완성하는 소프트웨어이다. 또한, OpenSCAD의 강점은 스크립트 코딩을 수정하여 3D 모델링을 빠르게 수정되게 하는 파라메틱 형식의 모델링 기능을 구현하고 있다. 다시말해, 정의가 가능한 파라메틱 변수를 이용하여 모델링 프로세스의 모든 단계를 쉽게 바꾸어 사용할 수 있다. OpenSCAD는 두 가지 모델링 기법을 제공하고 있다. 첫째, 솔리드 형상(CSG) 구현과 두 번째, AutoCAD DXF 파일에서 2D 외곽선을 정의하여 OpenSCAD에서 솔리드 형상을 모델링 할 수 있다. 2차원 CAD 데이터를 이용하여 OpenSCAD에서 코딩 스크립트 파일을 작업하여 파라메틱 모델링을 할 수 있다. 그리고 완성된 솔리드 모델링을 3D 프린팅 작업을 하기 위한 슬라이싱 작업이 가능한 STL 파일로 변환할 수 있다.

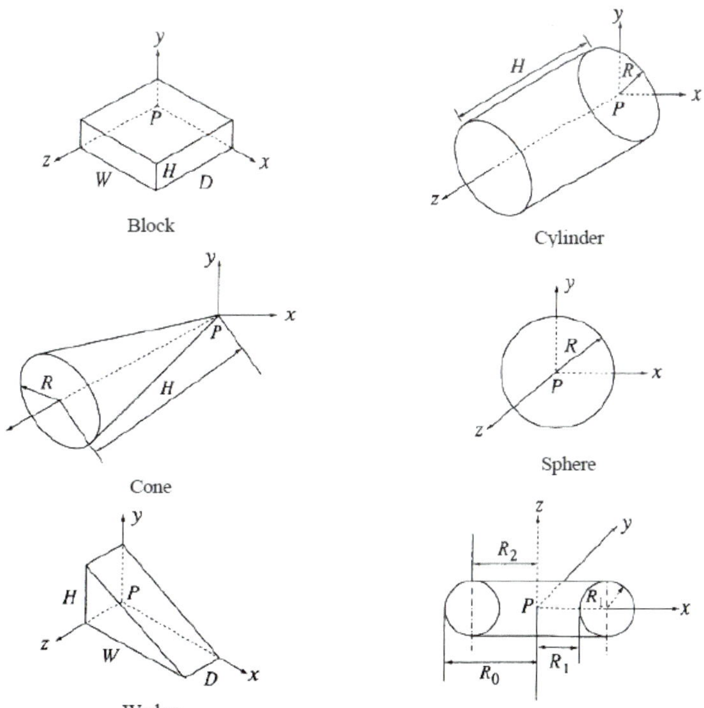

■ 그림 2.3 파라메틱 모델링을 위한 기본형상

1 불리안(Boolean) 솔리드 모델링

솔리드 모델링에서 원하는 기본 입체를 불러내어 모델을 만드는 것은 매우 쉽고 효율적이지만 가능한 모든 적용분야에서 필요한 모든 형상을 미리 만들어 놓는 것은 불가능하다. 그러나 기본 입체의 조합은 3D 형상 표현이 가능한 형상의 범위를 비약적으로 확장시킬 수 있다. 이런 목적으로 집합이론에서의 불리안 조작이 기본 입체를 조합하는데 사용된다. 즉 각 기본 입체는 그것을 이루는 공간점들의 집합이므로 이 점 집합들에 대해 불리안 조작이 수행되고 결과로 나온 점 집합에 의해 솔리드 모델이 형성된다. 대부분의 솔리드 모델링 시스템이 제공하는 불리안 작업은 합집합(union), 교집합(intersection), 차집합(difference)이며 불리안 작업시 각각의 물체에 대해 그 위치와 방향을 지정하는 작업이 선행되어야 하는 점에 유의하여야 한다.

또한, 불리안 작업은 기본 입체뿐만 아니라 모델링 중간 단계의 임의의 물체간에도 수행될 수 있다. 한편 불리안 작업과 유사한 방식으로 구현된 모델링 기능으로 절단(cutting)작업이 있다. 평면으로 솔리드 모델을 절단하면 결과 모델은 두 조각 혹은 그 이상의 솔리드 모델이 된다. 이와 같은 결과는 절단면을 포함하는 육면체를 이용한 차집합을 적용해도 동일하게 얻을 수 있으므로 불리안 조작의 특수한 형태로 구현될 수 있다. 불리안 조작을 사용할 때의 결과가 적절치 않을 수도 있으므로 주의하여야 한다. 그림 2.7은 조작의 결과로 솔리드 모델이 얻어지지 않는 경우를 보여준다. 이와 같은 결과가 예측되면 어떤 솔리드 모델링 시스템은 사용자에게 경고를 주지만 그렇지 않은 시스템의 경우는 작동이 정지되는 경우도 있다. 최근의 비다양체 모델링 시스템은 와이어 프레임, 곡면 및 솔리드 모델의 혼합형태를 허용하므로 이러한 경우를 수용할 수 있다.

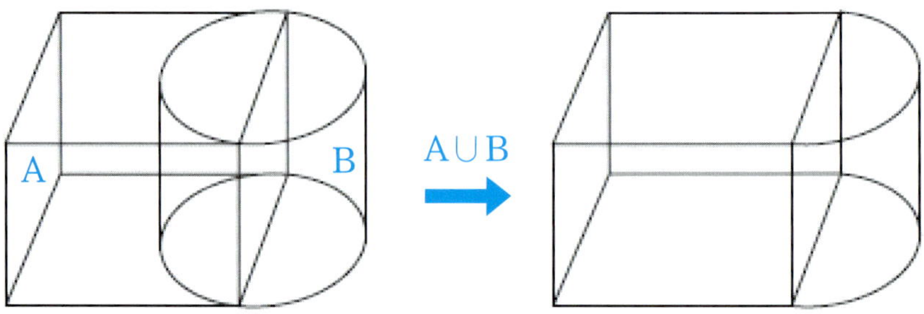

■ 그림 2.4 합집합(union)

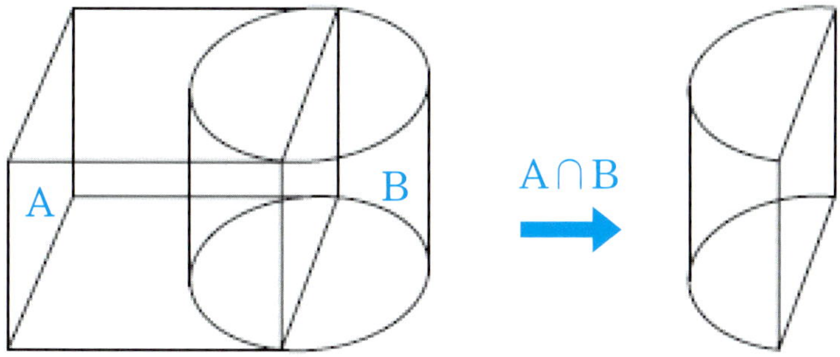

■ 그림 2.5 교집합(intersection)

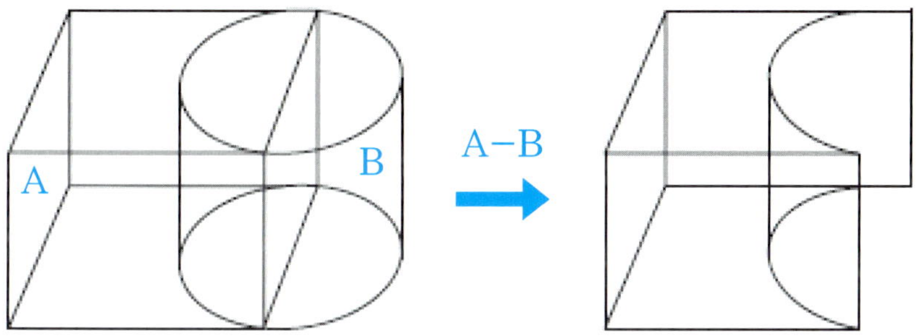

■ 그림 2.6 차집합(difference)

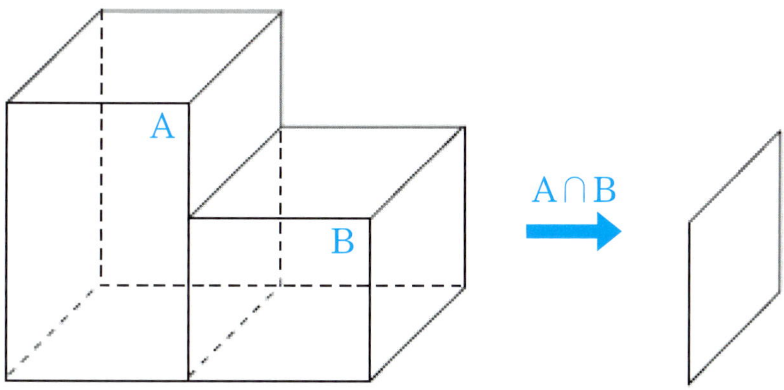

■ 그림 2.7 주의해야할 모델링 편집

2 라운딩

라운딩 혹은 블렌딩은 만들어진 모델을 수정하는 기능의 하나로, 면들이 모서리나 꼭지점에서 예리하게 만날 때 기존면에 법선벡터가 연속되는 부드러운 곡면을 생성하여 그 부분을 대치하는 작업이다. 그림 2.8(a)는 예리한 직선 모서리를 원통면으로 대치한 경우이다. 이 때 원통면의 법선벡터는 인접하는 평면과의 공통 경계선에서 연속이다. 그림 2.9는 예리한 꼭지점이 원통 면으로 대치된 경우이다. 마찬가지로 원통면의 법선벡터는 인접면과의 경계선에서 연속이다. 라운딩 효과를 얻기위해 부피를 제거하는 것이 아니라 덧붙여야 할 경우도 있는데, 이를 필릿팅(filleting)이라고도 한다. 그림 2.8(b)는 필릿팅의 예를 보여주고 있다.

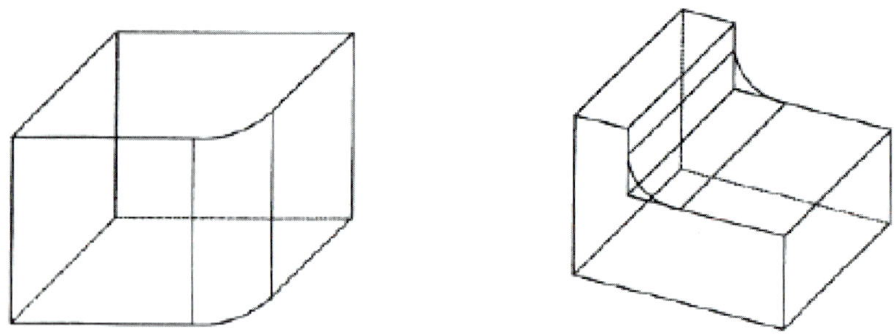

(a) (b)

■ 그림 2.8 모서리 라운딩

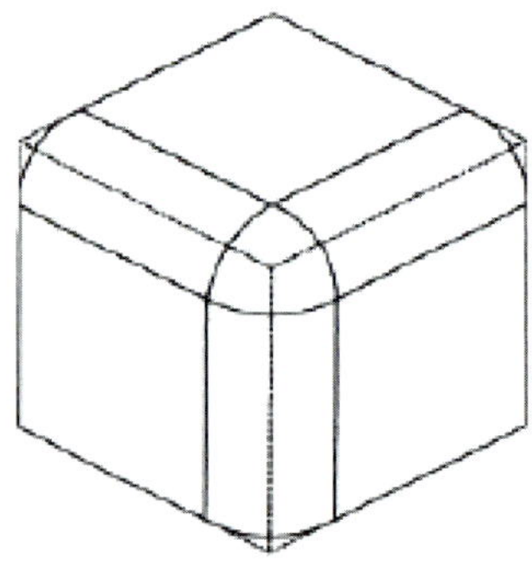

■ 그림 2.9 꼭지점 라운딩

02 도형 프린팅

이제 기본적인 도형과 불리안 작업, 라운딩 작업을 통해 기본적인 도형을 생성하고 응용된 솔리드 모델링을 하여 3D 프린팅이 가능하도록 STL 파일로 변환하여 3D 프린팅 하는 과정을 익혀보자.

1 OpenSCAD와 모델링

사물에서 가장 기본이 되는 형상이 기둥형태의 모양을 연상할 수 있다. 기둥은 기본적인 단면형상이 있으며, 길이방향을 길쭉한 형태로 되어 있다. 기둥의 기본요소인 단면에 대한 치수와 길이치수를 이용하여 기본형상을 생성하고 3D 프린팅을 하여 도형을 이해하고자 한다. 이를 위해 위에서 설명된 OpenSCAD 소프트웨어를 활용하는 기본작업 방법과 기본 명령어을 활용한 솔리드 모델링을 생성하는 작업을 하고자 한다. 우선 OpenSCAD 실행파일을 더블클릭하여 프로그램을 실행시킨다. 기본적인 화면 구성은 그림 2.10과 같이 명령어 입력창과 실행정보를 나타내는 메시지창과 명령어 실행 후 솔리드 모델형상을 나타내는 디스플레이창으로 구성되어 있다. 이제부터 간단한 기본도형 생성을 위한 명령어와 3D 프린팅을 위한 슬라이싱 작업을 단계별로 수행해보자.

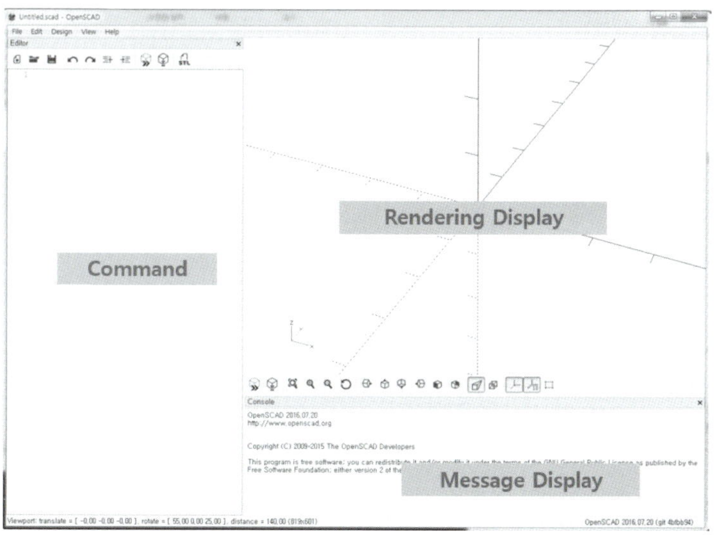

■ 그림 2.10 OpenSCAD 화면 구성

2 직육면체 만들기

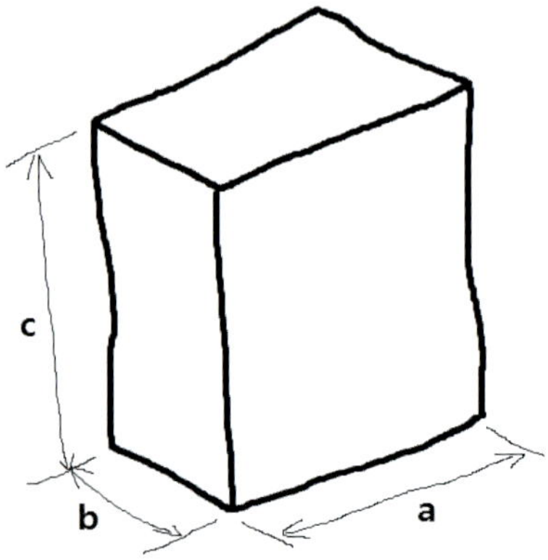

Step 1

직육면체의 가로, 세로, 높이의 값을 “Cube”라는 명령어와 해당되는 치수를 수치로 입력한다. 그리고 키보드에서 “F5”키를 누르게 되면 OpenSCAD 화면에 직육면체의 솔리드 모델링 형상이 나타나게 된다.

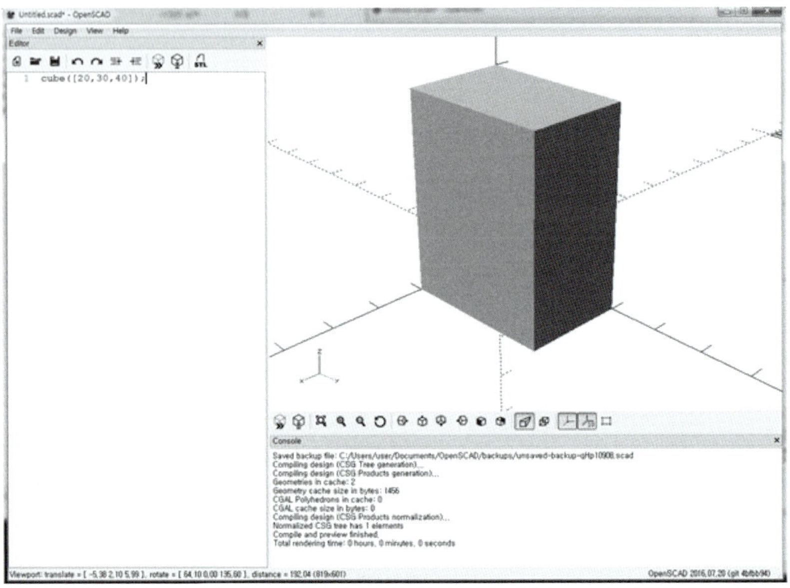

```
cube([20,30,40]);
```

Step 2

완성된 도형을 3D 프린팅 슬라이싱 작업이 가능한 STL 파일로 변화하기 위해서는 "F6"키를 누르게 되면 메시지 창에 Polygon Mesh가 생성되었음을 나타내면서 STL 파일로 변환되었음을 알리는 메시지가 나타난다. 이후 STL 파일을 저장하면 된다.

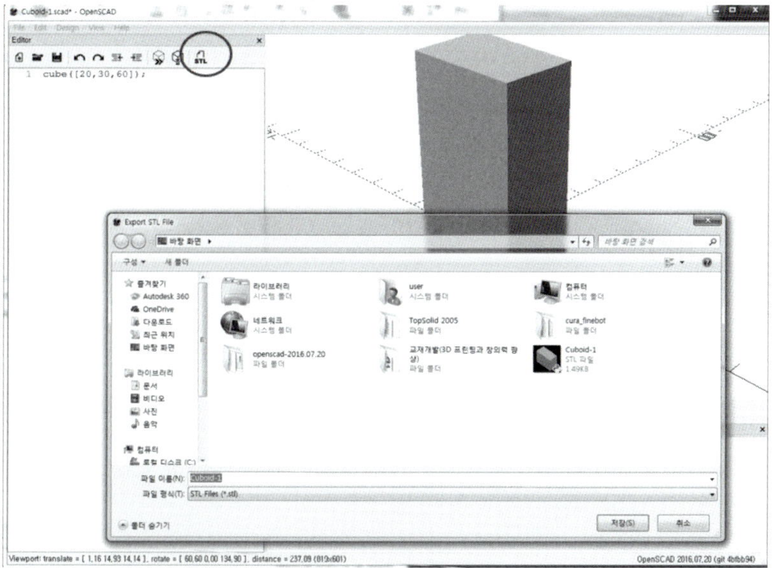

Step 3

완성된 도형의 STL 파일을 슬라이싱 작업을 하기 위해 오픈소스 소프트웨어인 CURA를 활용하여 슬라이싱 작업을 아래 그림과 같이 작업한다(Cura매뉴얼 참조).

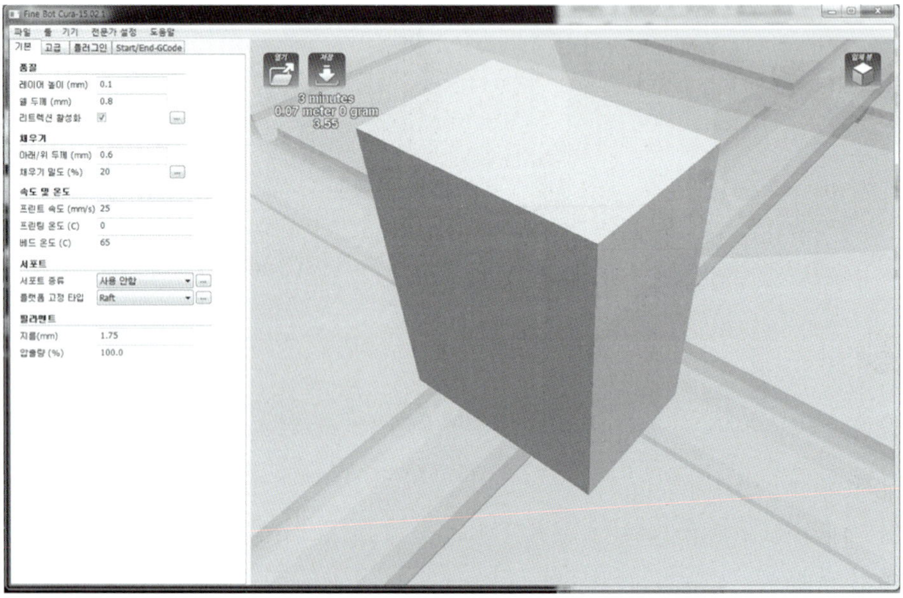

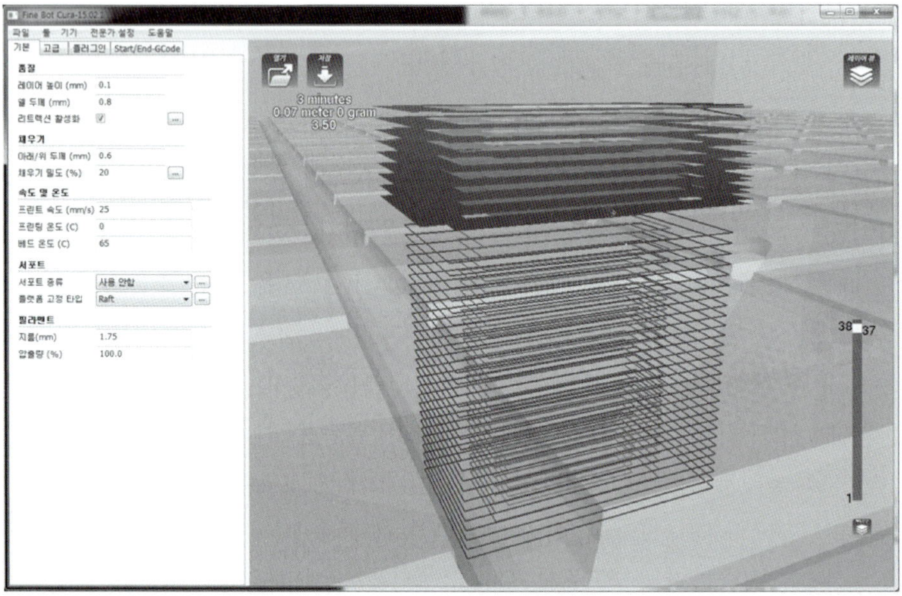

프린팅 과정 및 결과물

Step 4

다음은 직육면체의 치수를 수정하여 도형을 변형해보자. 구조물의 형상을 필요에 따라 적합한 크기와 형상으로 빠르게 수정하여 사용할 수 있어야 한다. 이때 각 변의 값만을 수정하여 간단히 도형을 변형할 수 있다. 수정하는 과정은 위 Step 1에서 "Cube"명령어에서 각 변의 길이에 해당되는 치수를 수정하여 "F5"키와 "F6"키를 순차적으로 누르고 Step 3까지 진행하여 슬라이싱 작업까지 진행하면 된다.

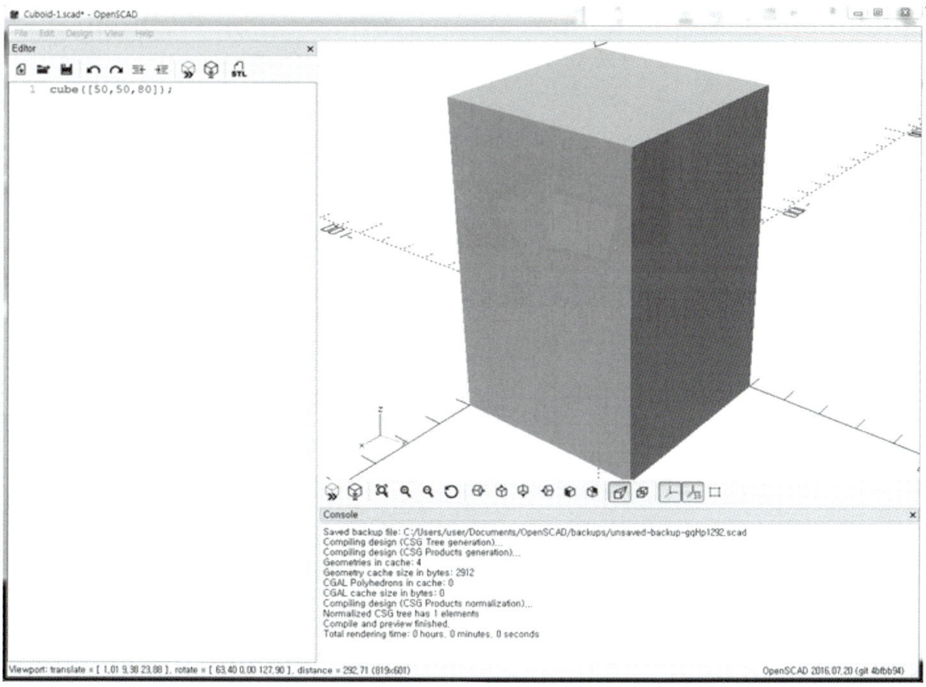

또한, 다음 명령어를 통해 모델링 중심의 위치 선택할 수 있다. 즉, X, Y 평면을 기준(center=false)으로 하면 Z(+)방향으로 길이가 모델링 되거나, X, Y 평면을 기준(Center=ture)으로 하면 Z(+, -)방향으로 통과하는 길이가 모델링 된다.

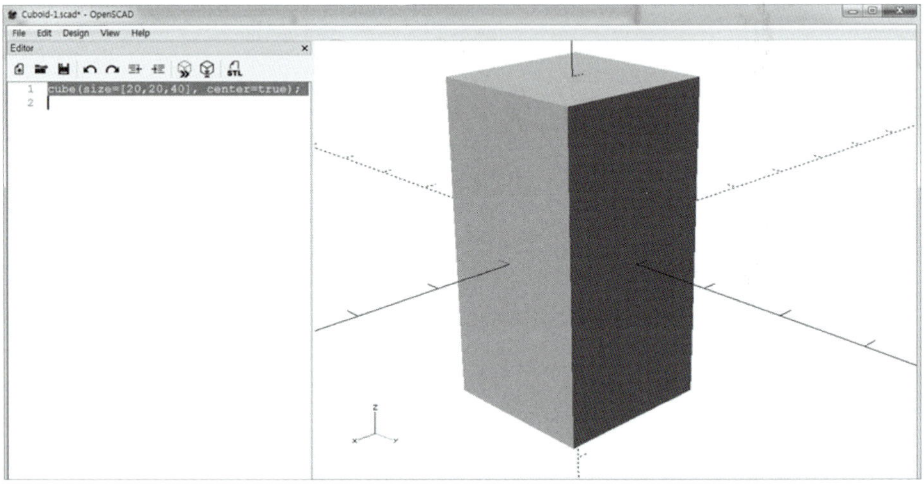


```
cube(size=[20,20,40], center=true);
```

■ 그림 2.11 3D 프린팅과 결과물

학습 | 학습자들과 협업하여 변형된 형상 코딩과 3D 프린팅 슬라이싱 작업하기

1 2차원 단면 도형 연필로 그리기

2 입체형상 그리고 치수 쓰기

3 구 형상 만들기

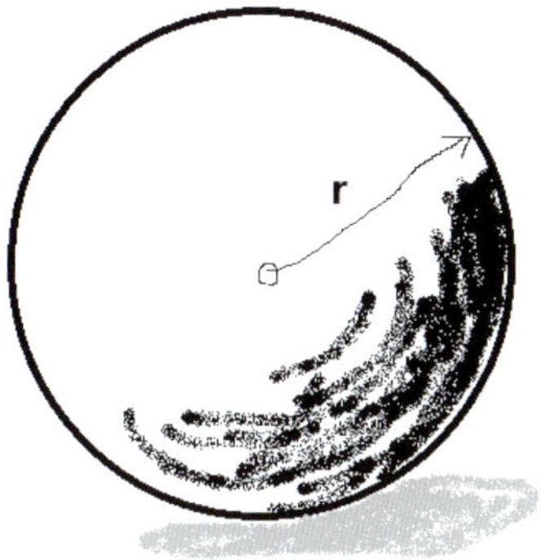

Step 1

구형상의 지름(d) 또는 반지름(r) 값을 "sphere"라는 명령어와 해당되는 치수를 수치로 입력한다. 그리고 키보드에서 "F5"키를 누르게 되면 OpeSCAD 화면에 구 형상의 솔리드 모델링 형상이 나타나게 된다.

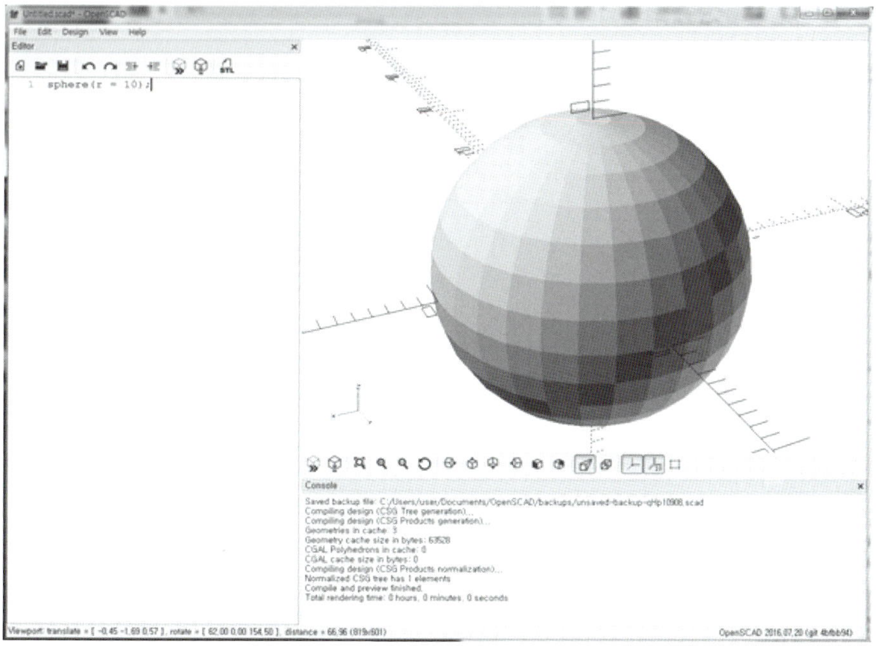


```
sphere(d = 10); or sphere(r = 10);
```

Step 2

완성된 도형을 3D 프린팅 슬라이싱 작업이 가능한 STL 파일로 변화하기 위해서는 ”F6“키를 누르게 되면 메시지 창에 Polygon Mesh가 생성되었음을 나타내면서 STL 파일로 변환되었음을 알리는 메시지가 나타난다. 이후 STL 파일을 저장하면 된다.

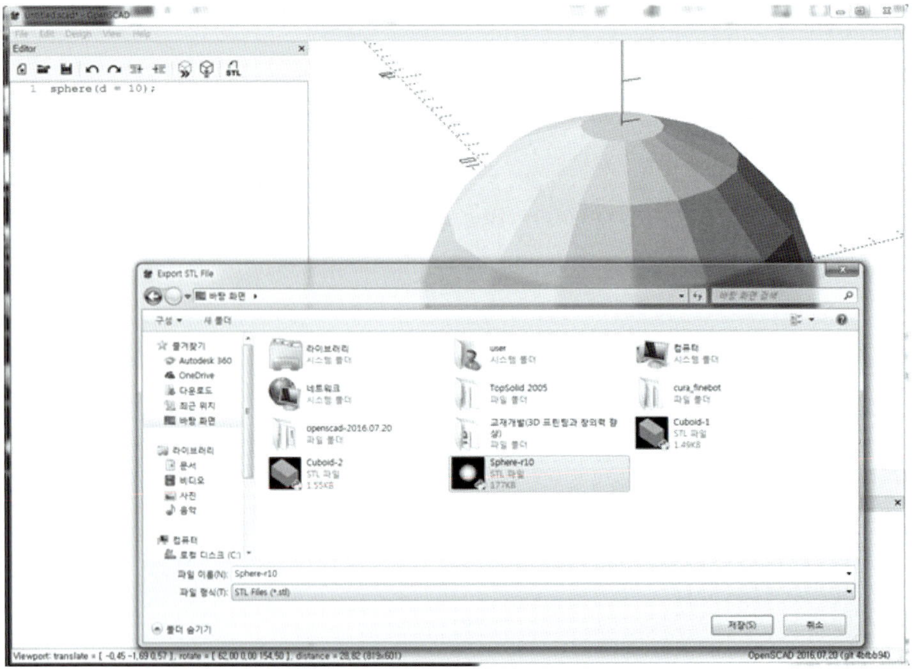

Step 3

완성된 도형의 STL 파일을 슬라이싱 작업을 하기 위해 오픈소스 소프트웨어인 CURA를 활용하여 슬라이싱 작업을 아래 그림과 같이 작업한다(Cura매뉴얼 참조).

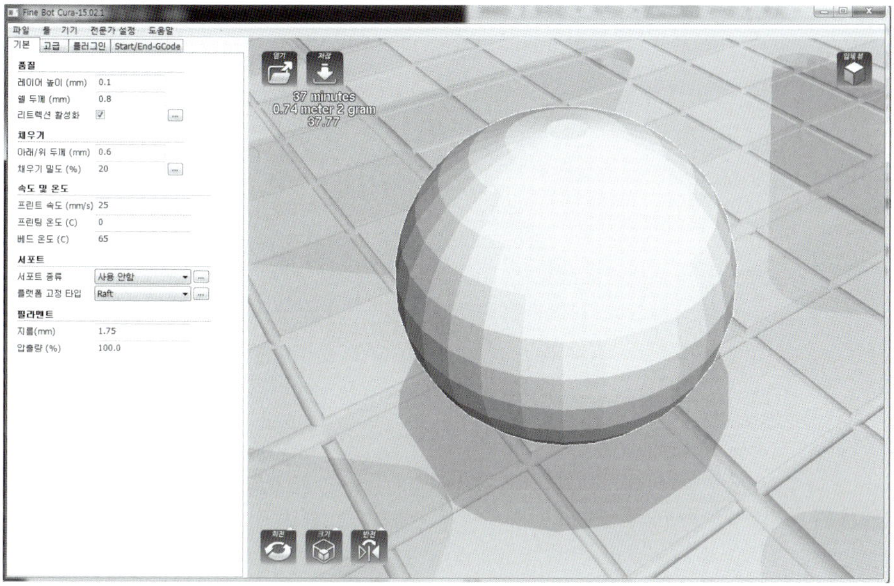

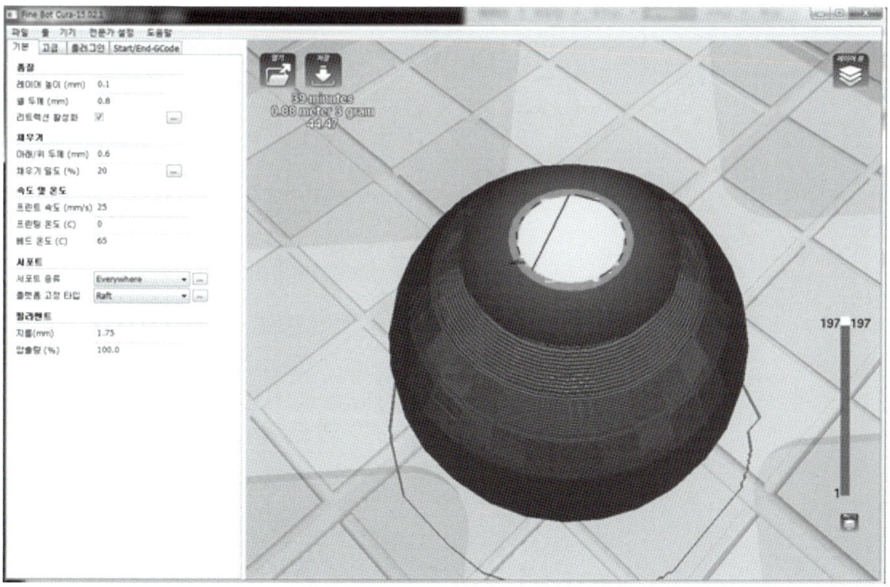

3D 프린팅 결과물

Step 4

다음은 구형의 표면을 거칠기 즉, 해상도를 조절하여 구형의 표면이 매끄럽게 모델링 되어야 한다. 따라서, 완전한 구의 형태를 3D 프린팅 할 수 있도록 추가적인 명령어를 사용하여 도형을 변형해 보자. 구 형상의 표면을 매끄럽게 조절하는 기능은 Resolution 기능인 “$fn(Resolution)”에 수치(1~500)를 입력하여 조절한다. 또한, 구 형상을 필요에 따라 적합한 크기와 형상으로 빠르게 수정하여 사용할 수 있어야 한다. 이때 지름(d) 또는 반지름(r) 값만을 수정하여 간단히 변형할 수 있다. 수정하는 과정은 위 Step 1에서 “Sphere” 명령어에서 각 변의 길이에 해당되는 값을 수정하여 “F5”키와 “F6”키를 순차적으로 누르고 Step 3까지 진행하여 슬라이싱 작업까지 진행하면 된다. 또한, $fa(Fragment angle in degrees) 메쉬각도, $fs(Fragment size in mm) 메쉬 크기로도 수정할 수 있다.

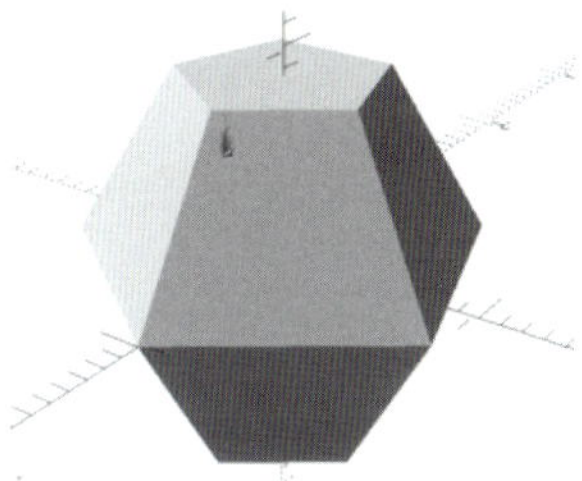
sphere(r = 1);

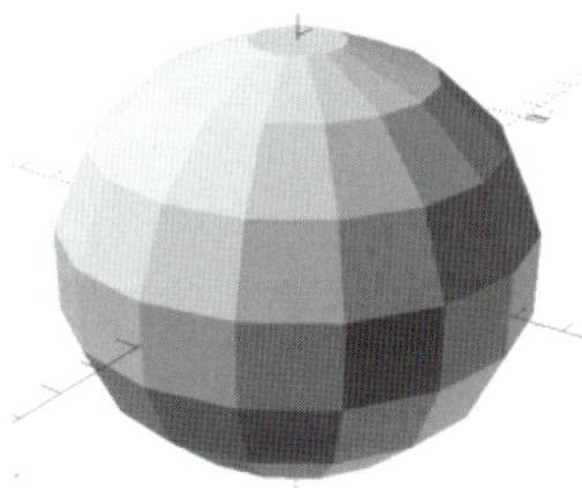
sphere(r = 5);

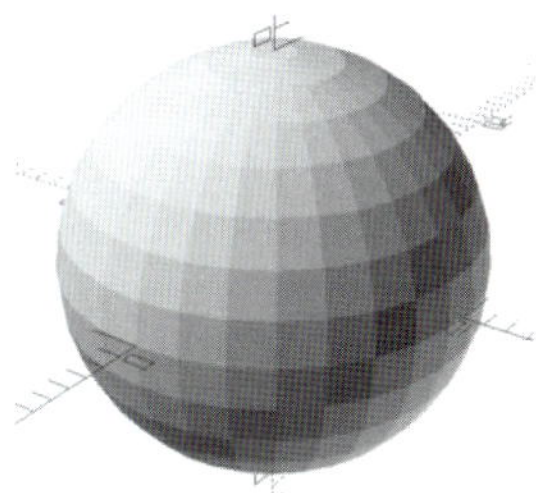
sphere(r = 10);

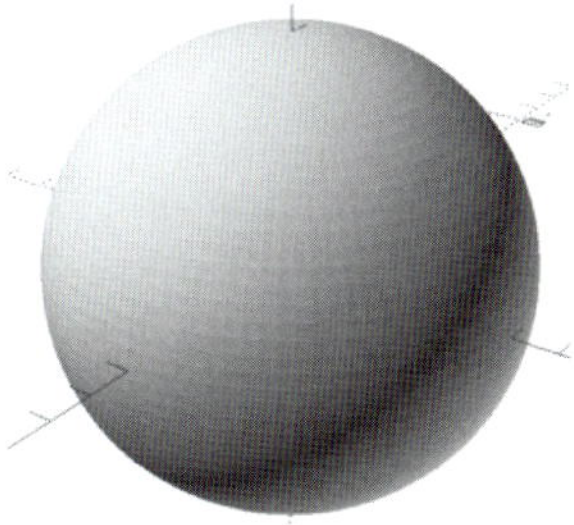
sphere(5, $fn=100);

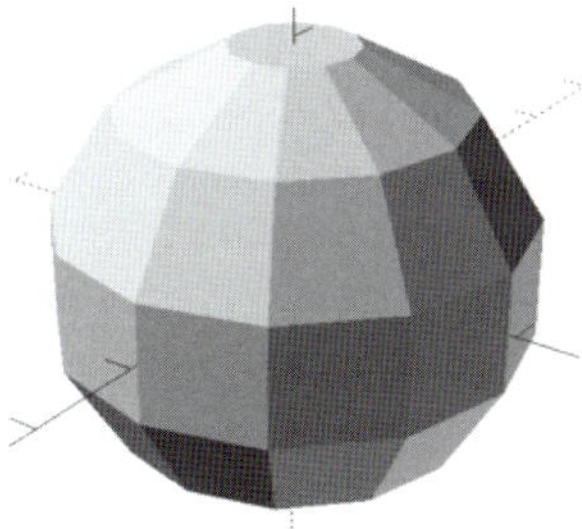
sphere(2, $fa=30, $fs=0.1);

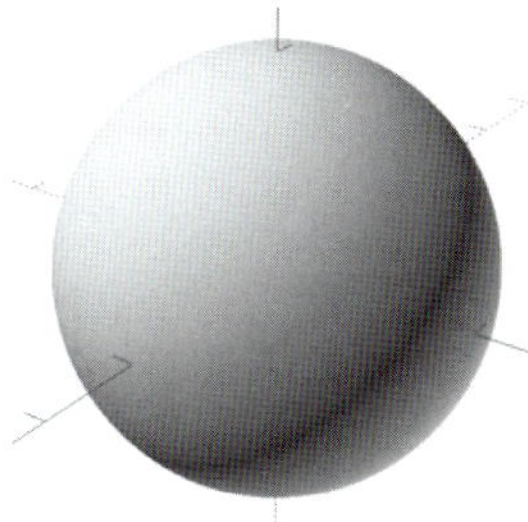
sphere(2, $fn=500);

```
sphere(r = 1);
sphere(r = 5);
sphere(r = 10);
sphere(2, $fn=100);
sphere(2, $fa=5, $fs=0.1);
```

학습 학습자들과 협업하여 변형된 형상 코딩과 3D 프린팅 슬라이싱 작업하기

1 2차원 단면 도형 연필로 그리기

2 입체형상 그리고 치수 쓰기

4 원기둥 만들기

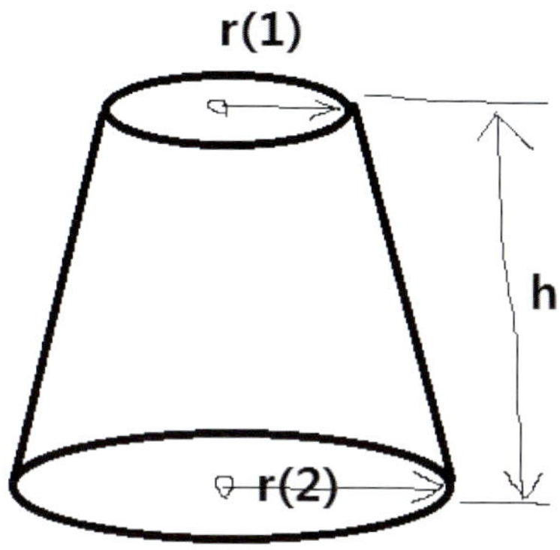

Step 1

원기둥의 지름(d) 또는 반지름(r) 값과 높이(h) 값을 "cylinder"라는 명령어와 해당되는 치수를 입력한다. 그리고 키보드에서 "F5"키를 누르게 되면 OpenSCAD 화면에 원기둥의 솔리드 모델링 형상이 나타나게 된다.

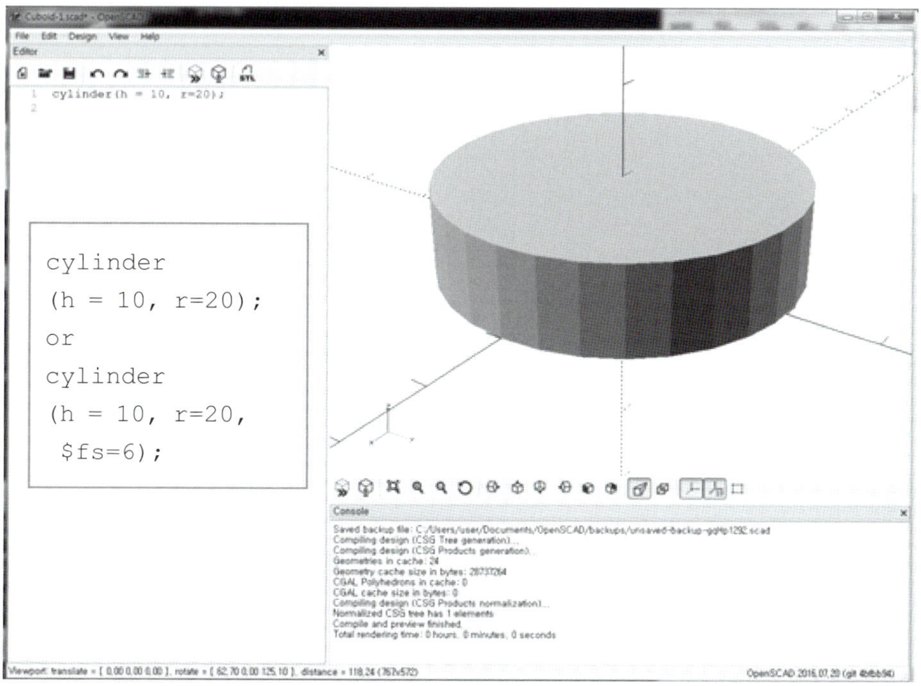

Step 2

완성된 도형을 3D 프린팅 슬라이싱 작업이 가능한 STL 파일로 변화하기 위해 "F6"키를 누르게 되면 메시지 창에 Polygon Mesh가 생성되었음을 나타내면서 STL 파일로 변환되었음을 알리는 메시지가 나타난다. 이후 STL 파일을 저장하면 된다.

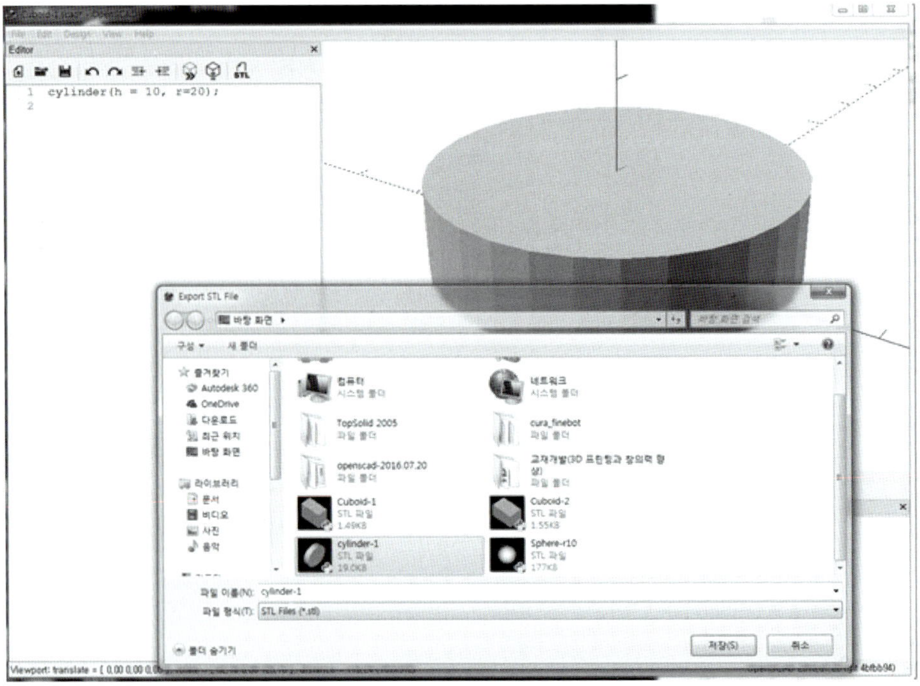

Step 3

완성된 도형의 STL 파일을 슬라이싱 작업을 하기 위해 오픈소스 소프트웨어인 CURA를 활용하여 슬라이싱 작업을 아래 그림과 같이 작업한다(Cura 매뉴얼 참조).

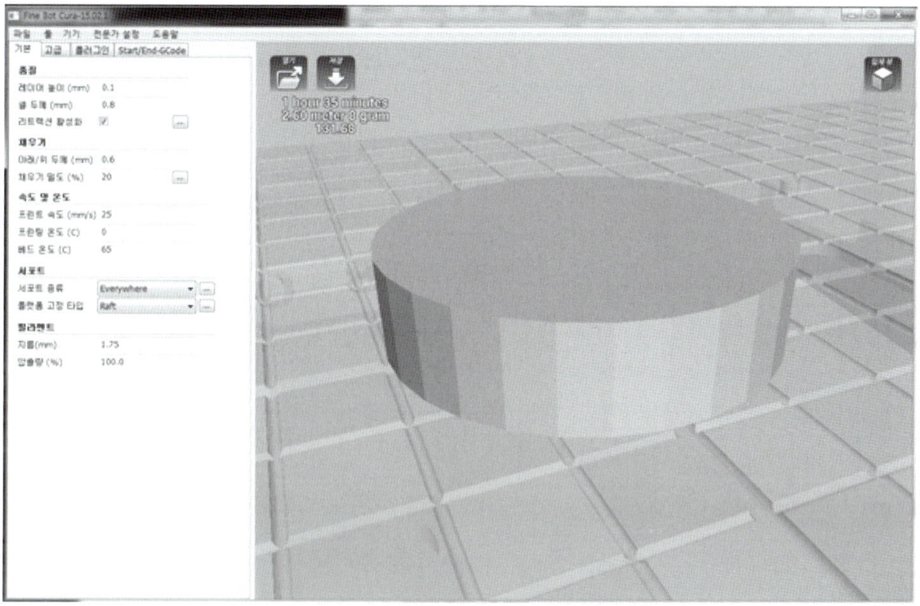

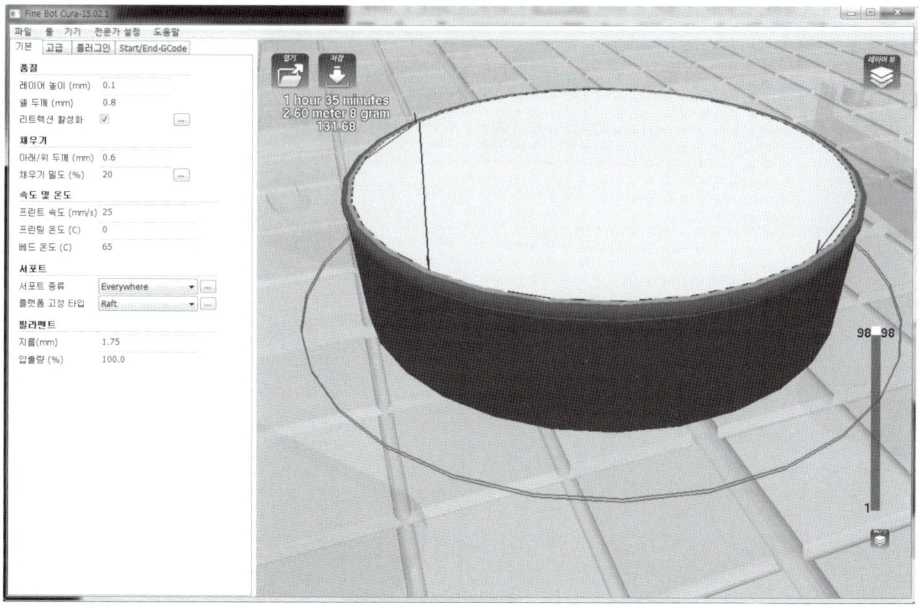

프린팅 결과물

Step 4

다음 원기둥의 형상은 매우 다양하다. 밑면의 지름과 윗면의 지름이 다른 경우가 있다. 완전한 원기둥의 형태를 3D 프린팅 할 수 있도록 추가적인 명령어를 사용하여 도형을 변형해 보자, 원기둥 형상의 표면을 매끄럽게 조절하는 기능은 Resolution 기능인 "$fn(Resolution)"에 수치(1~500)를 입력하여 조절한다. 또한, 원기둥 형상을 필요에 따라 적합한 크기와 형상으로 빠르게 수정하여 사용할 수 있어야 한다. 이때 지름(d1 ,2) 또는 반지름(r1, 2) 값과 높이(h)값만을 수정하여 간단히 변형할 수 있다. 수정하는 과정은 위 Step 1에서 "Cylinder"명령어에서 각 변의 길이에 해당되는 값을 수정하고 "F5"키와 "F6"키를 순차적으로 누른다. 이후 Step 3를 진행하여 슬라이싱 작업까지 완료할 수 있다. 또한, $fa(Fragment angle in degrees) 메쉬각도, $fs(Fragment size in mm) 메쉬크기도 수정할 수 있다.

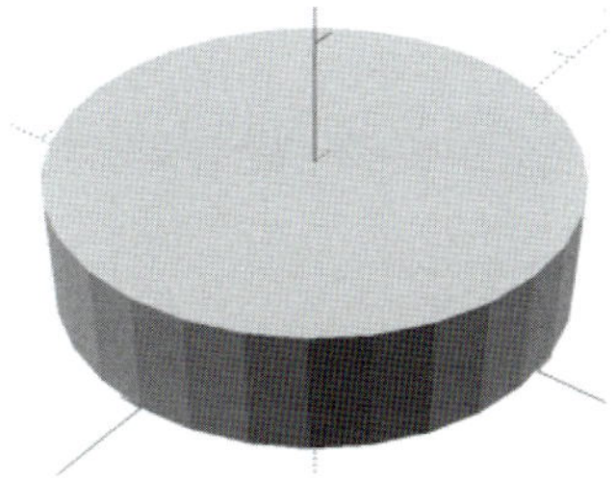

cylinder(h = 10, r=20);

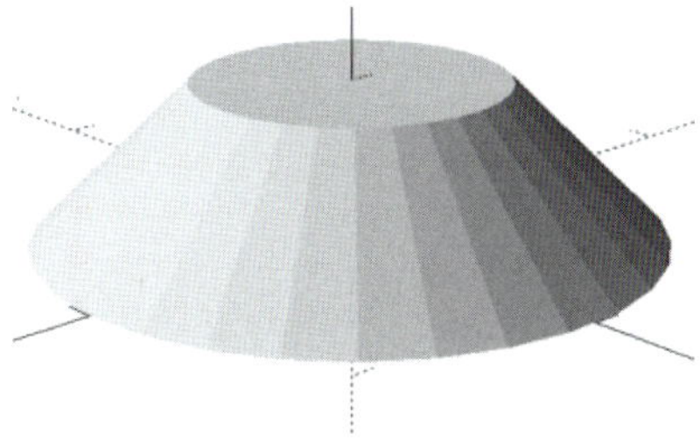

cylinder(h = 10, r1 = 20, r2 = 10, center = false);

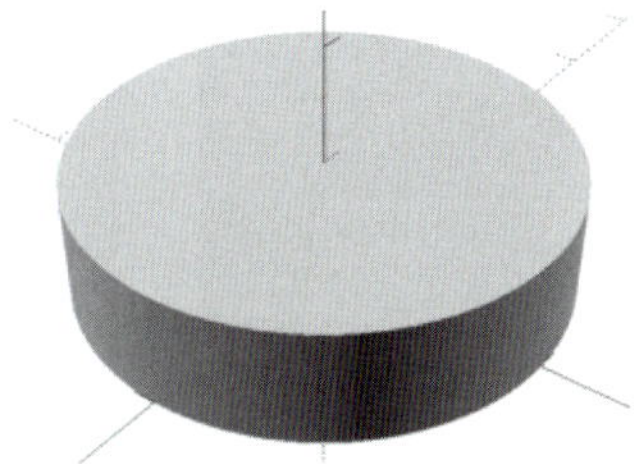

cylinder(h = 10, r=20, $fn=100);

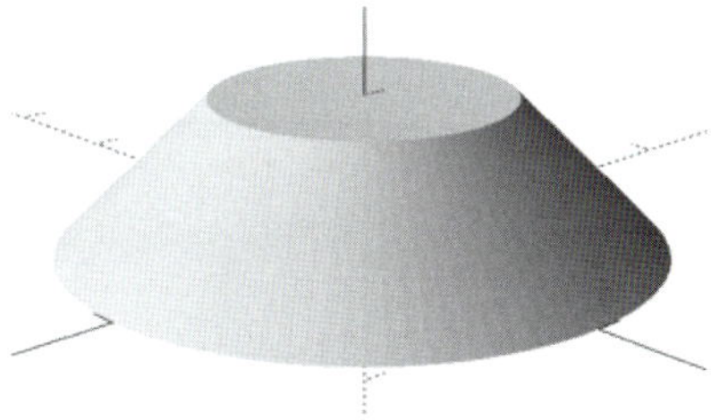

cylinder(h = 10, r1 = 20, r2 = 10, center = false, $fn=100);

```
cylinder(h = 10, r=20);
cylinder(h = 10, r=20, $fn=100);
cylinder(h = 10, r1 = 10, r2 = 20, center = false);
cylinder(h = 10, r1 = 20, r2 = 10, center = true);
cylinder(h = 10, d=40);
cylinder(h = 10, d=40, $fs=6);
cylinder(h = 10, d1 = 20, d2 = 40, center = false);
cylinder(h = 10, d1 = 40, d2 = 20, center = true);
```

학습 학습자들과 협업하여 변형된 형상 코딩과 3D 프린팅 슬라이싱 작업하기

1 2차원 단면 도형 연필로 그리기

2 입체형상 그리고 치수 쓰기

5 도형 응용 모델링 및 3D 프린팅

Rotate Extrude 형상 생성하기

```
rotate_extrude(convexity = 10)
translate([2, 0, 0])
circle(r = 1);

or

rotate_extrude(convexity = 10)
translate([2, 0, 0])
circle(r = 1, $fn = 100);
```

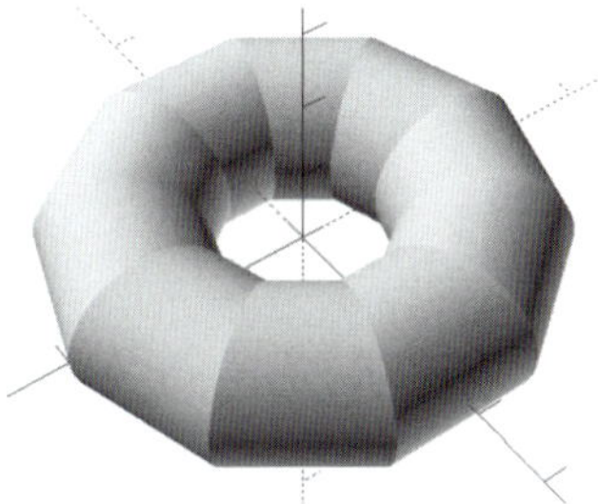

rotate_extrude(convexity = 10)
translate([2, 0, 0])
circle(r = 1);

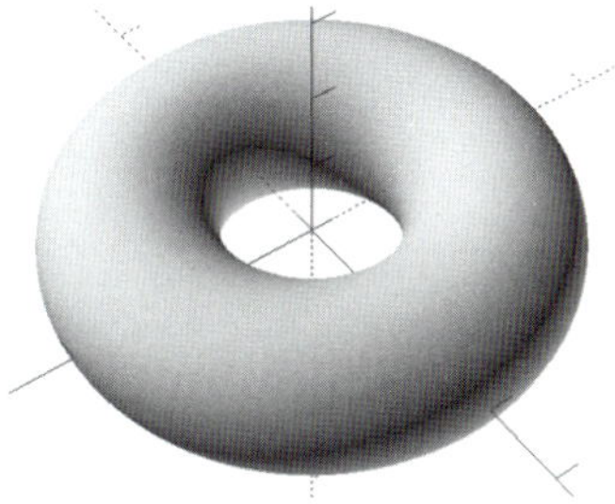

rotate_extrude(convexity = 10, $fn = 100)
translate([2, 0, 0])
circle(r = 1, $fn = 100);

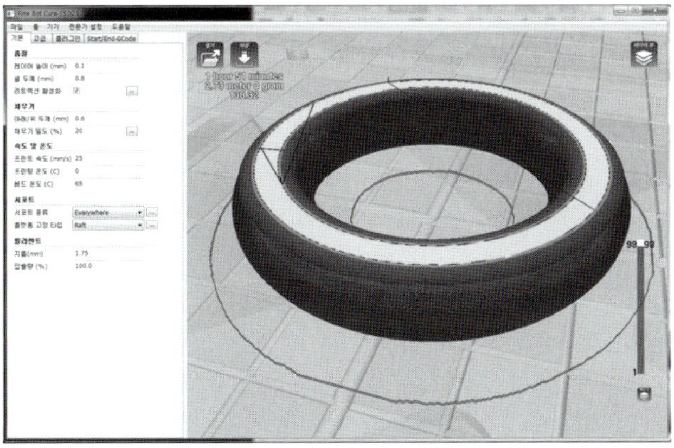

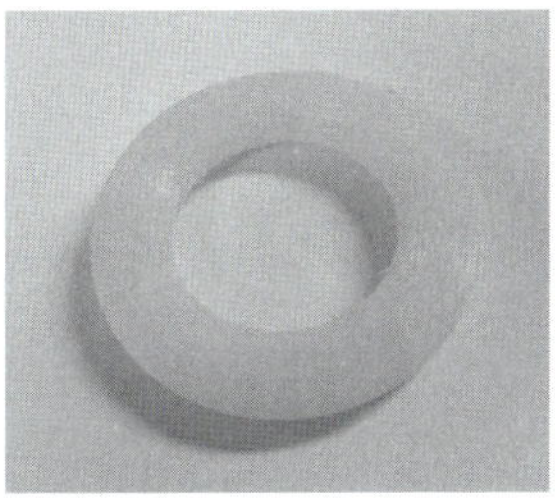

학습 학습자들과 협업하여 변형된 형상 코딩과 3D 프린팅 슬라이싱 작업하기

1 2차원 단면 도형 연필로 그리기

2 입체형상 그리고 치수 쓰기

Extruding a Polygon 형상 생성하기

```
rotate([90,0,0]) polygon( points=[[0,0],[2,1],[1,2],[1,3],[3,4],[0,5]] );

rotate_extrude($fn=200)
polygon(points=[[0,0],[2,1],[1,2],[1,3],[3,4],[0,5]] );
```

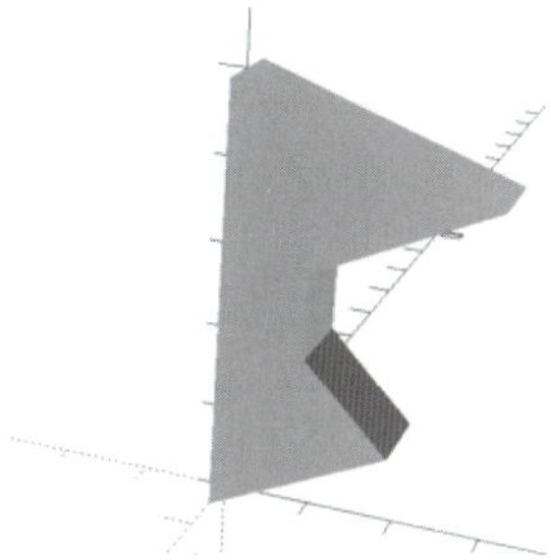

rotate([90,0,0])
polygon(points=[[0,0],[2,1],[1,2],[1,3],[3,4],[0,5]]);

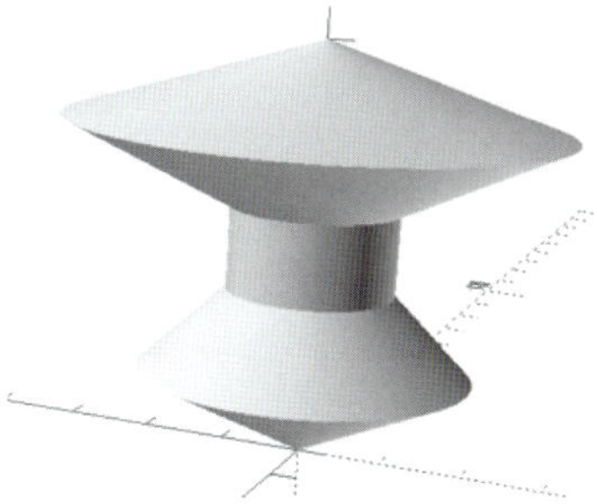

rotate_extrude($fn=200)
polygon(points=[[0,0],[2,1],[1,2],[1,3],[3,4],[0,5]]);

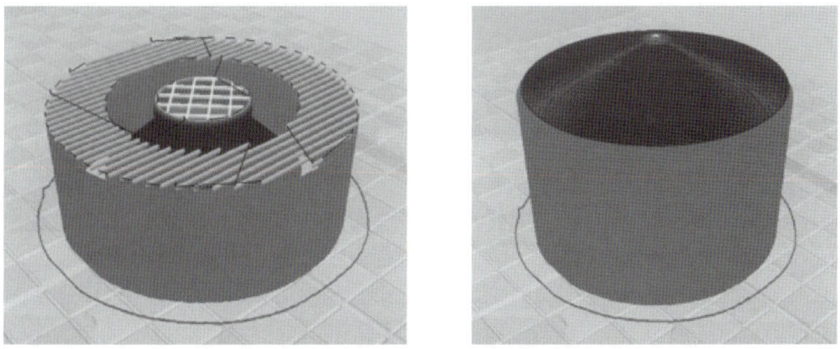

Part & Support Slicing Path(1)

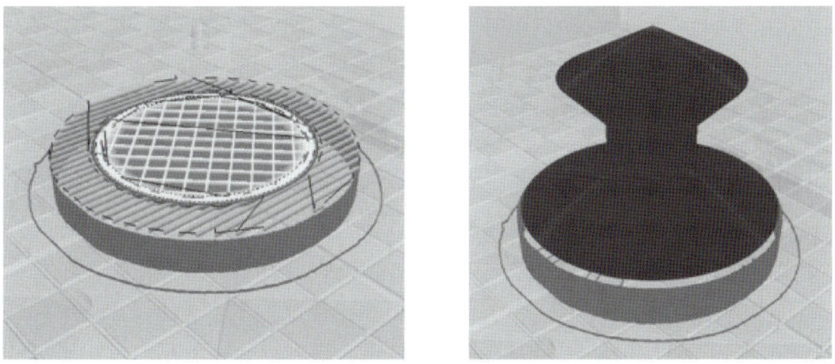

Part & Support Slicing Path(2)

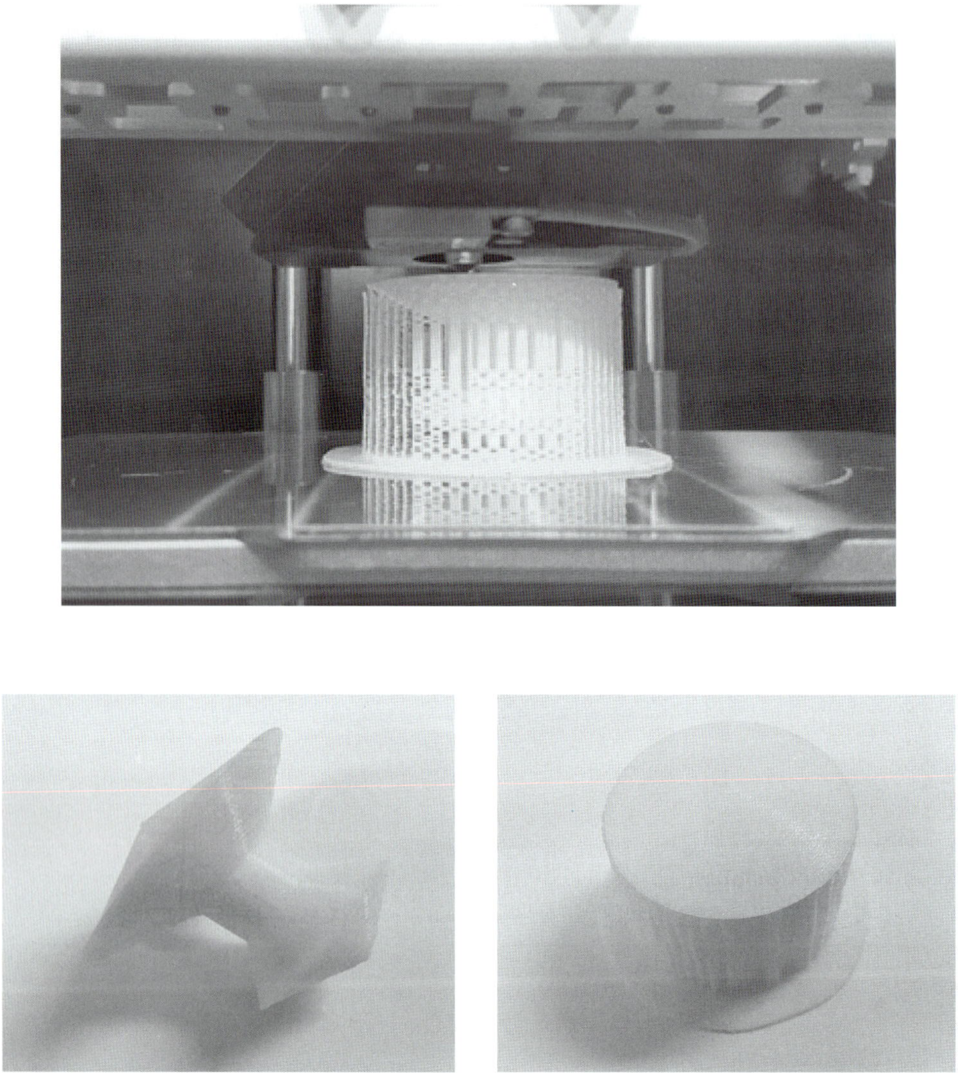

■ 그림 2.12 3D 프린팅과 결과물

학습 학습자들과 협업하여 변형된 형상 코딩과 3D 프린팅 슬라이싱 작업하기

1 2차원 단면 도형 연필로 그리기

2 입체형상 그리고 치수 쓰기

6 블리안 및 이동된 모델링과 3D 프린팅

차집합(difference) 기능을 이용한 사각 기둥 작업하기

```
difference() {
// original
cube (size = [2,2,2]);
// object that carves out
# translate ([0.5,0.5,-0.5]) {
cube (size = [1,1,3]);
}
}
```

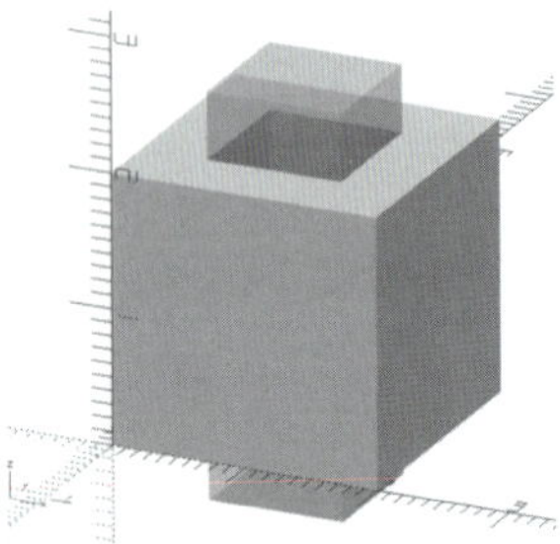

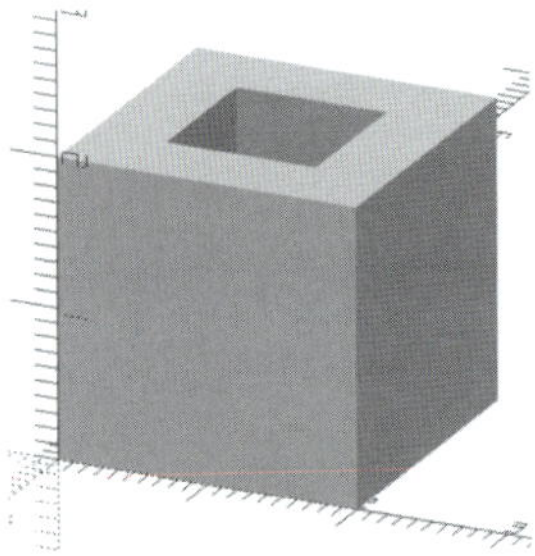

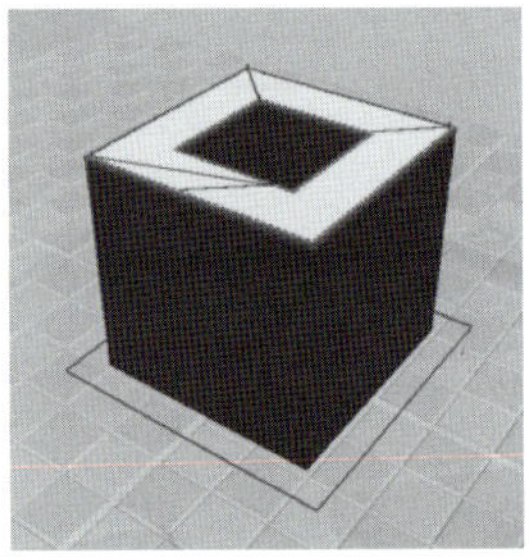

difference() {cube (size = [40,40,40]);
# translate ([10,10,-5]) {
cube (size = [20,20,50]); }
}

차집합(difference)

Slicing)

3D 프린팅 결과물

학습 | 학습자들과 협업하여 변형된 형상 코딩과 3D 프린팅 슬라이싱 작업하기

1 2차원 단면 도형 연필로 그리기

2 입체형상 그리고 치수 쓰기

합집합(union) 기능을 이용한 원기둥 작업하기

```
union() {
cylinder (h = 40, r=10, center = true, $fn=100);
rotate ([90,0,0]) cylinder (h = 40, r=6, center = true, $fn=100);
}
```

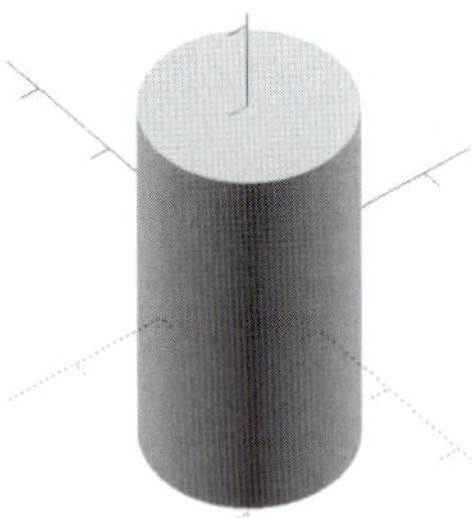

union() {
cylinder (h = 40, r=10,
center = true, $fn=100);}

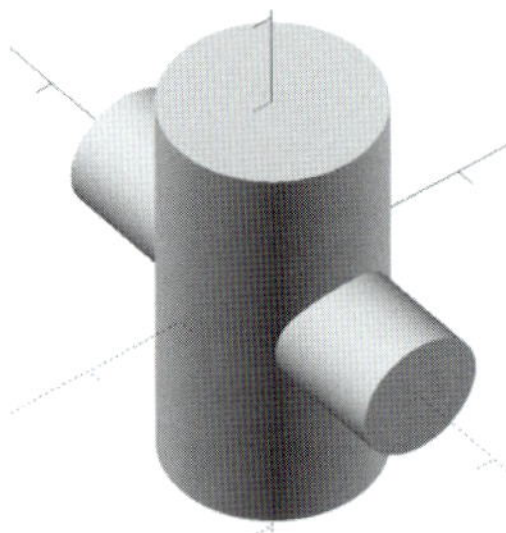

union() {
cylinder (h = 40, r=10, center
= true, $fn=100);
rotate ([90,0,0]) cylinder (h =
40, r=6, center = true,
$fn=100);
}

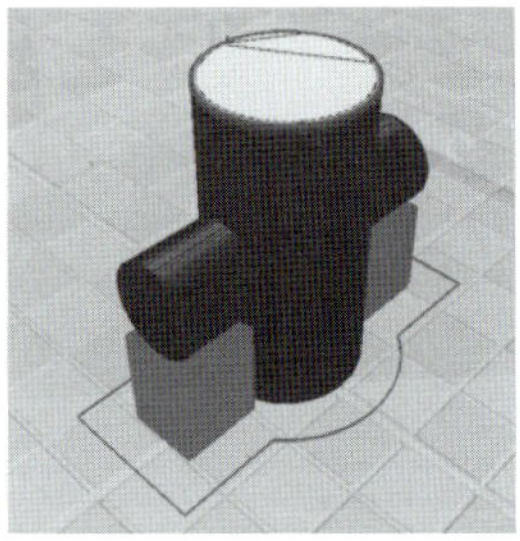

Slicing

3D 프린팅 결과물

학습 학습자들과 협업하여 변형된 형상 코딩과 3D 프린팅 슬라이싱 작업하기

1 2차원 단면 도형 연필로 그리기

2 입체형상 그리고 치수 쓰기

교집합(intersection) 기능을 이용한 원기둥 작업하기

```
intersection() {
cylinder (h = 40, r=10, center = true, $fn=100);
rotate ([90,0,0]) cylinder (h = 40, r=6, center = true, $fn=100);
}
```

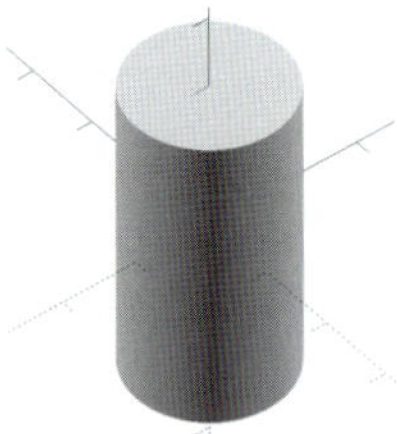

intersection() {
cylinder (h = 40, r=10,
center = true, $fn=100);}

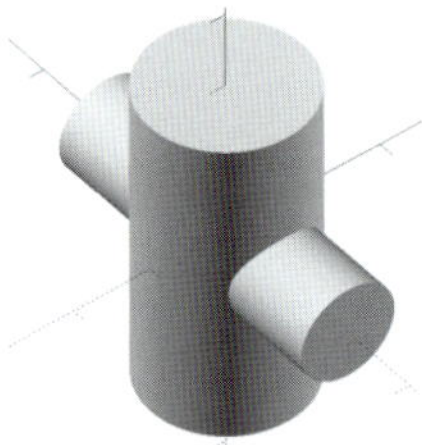

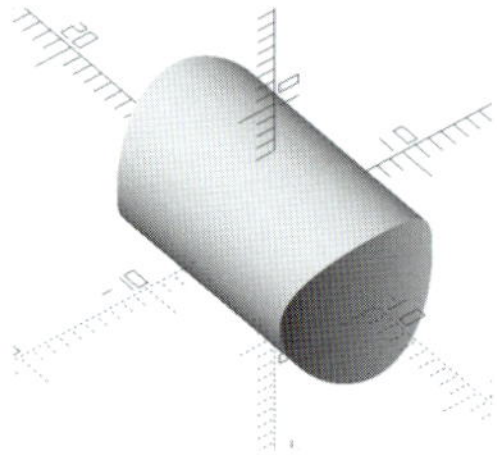

intersection() {
cylinder (h = 40, r=10, center = true, $fn=100);
rotate ([90,0,0]) cylinder (h = 40, r=6, center = true,
$fn=100);
}

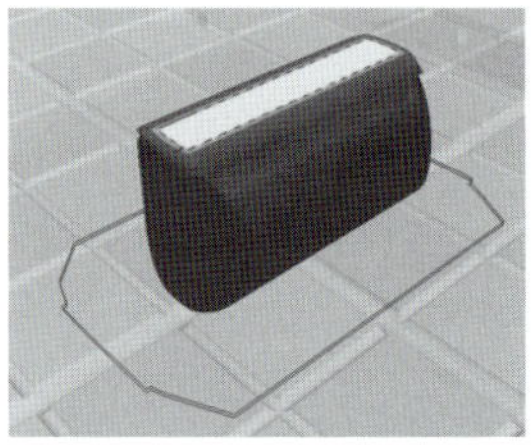

Slicing

3D 프린팅 결과물

학습

학습자들과 협업하여 변형된 형상 코딩과 3D 프린팅 슬라이싱 작업하기

1 2차원 단면 도형 연필로 그리기

2 입체형상 그리고 치수 쓰기

차집합(difference) 기능 응용 작업하기

```
difference() {
// start objects
cylinder (h = 40, r=10, center = true, $fn=100);
// first object that will subtracted
# rotate ([90,0,0]) cylinder (h = 40, r=3, center = true, $fn=100);
// second object that will be subtracted
# rotate ([0,90,0]) cylinder (h = 40, r=8, center = true, $fn=100);
}
```

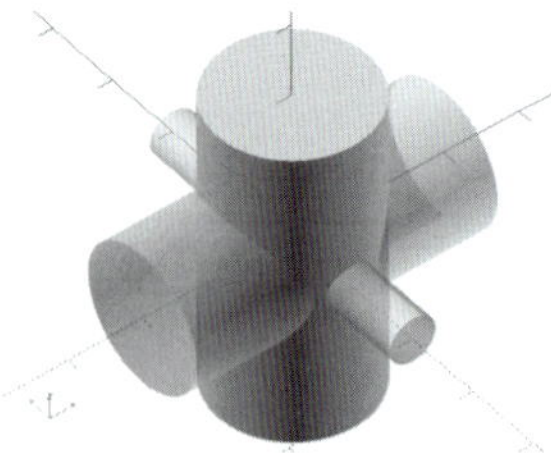

difference() {
// start objects
cylinder (h = 40, r=10, center = true, $fn=100);
// first object that will subtracted
rotate ([90,0,0]) cylinder (h = 40, r=3, center = true, $fn=100);
// second object that will be subtracted
# rotate ([0,90,0]) cylinder (h = 40, r=8, center = true, $fn=100);
}

Slicing

3D 프린팅 결과물

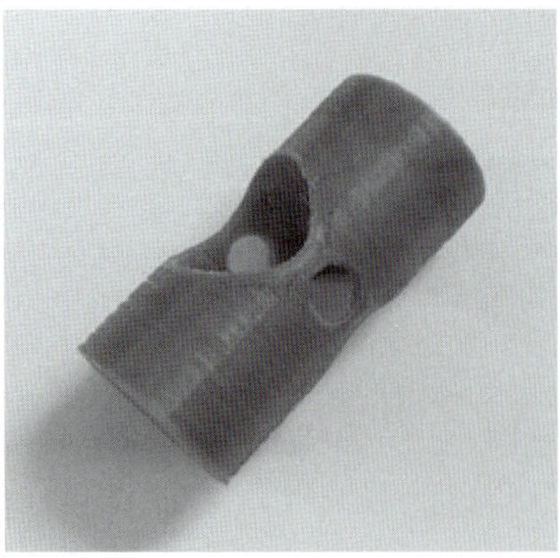

학습 학습자들과 협업하여 변형된 형상 코딩과 3D 프린팅 슬라이싱 작업하기

1 2차원 단면 도형 연필로 그리기

2 입체형상 그리고 치수 쓰기

교집합(union) 기능 응용 작업하기

```
$fn=50;
cube([40,40,4]);
cylinder(r=6,h=4);

//minkowski 기능
$fn=100;
minkowski()
{
cube([40,40,4]);
cylinder(r=6,h=2);
}

//hull 기능
hull() {
translate([20,10,0]) circle(10);
circle(10);
}
```

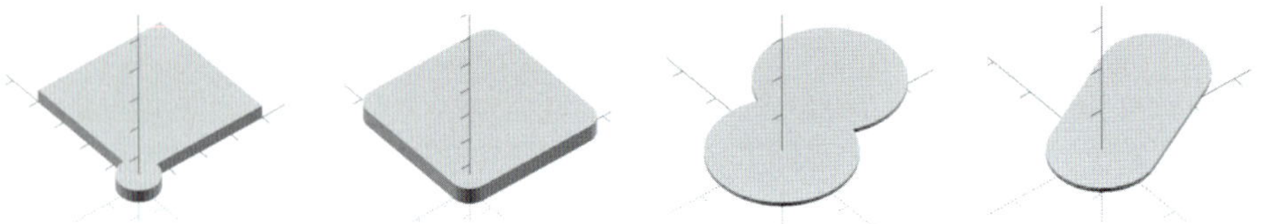

$fn=50;
cube([40,40,4]);
cylinder(r=6,h=4);

$fn=100;
minkowski()
{
cube([40,40,4]);
cylinder(r=6,h=2);
}

$fn=50; {
translate([20,10,0])
circle(15);
circle(15);
}

hull() {
translate([20,10,0])
circle(10);
circle(10);
}

3D 프린팅 결과물

■ 그림 2.13 3D 프린팅과 결과물

학습 학습자들과 협업하여 변형된 형상 코딩과 3D 프린팅 슬라이싱 작업하기

1 2차원 단면 도형 연필로 그리기

2 입체형상 그리고 치수 쓰기

03 이미지 프린팅

이미지(사진) 파일을 이용하여 3차원 솔리드 모델링과 3D 프린팅을 해보자. 일반적인 이미지 파일을 이용하여 일정한 볼륨을 생성하여 STL 파일로 변환하여 3D 프린팅을 할 수 있다. 이미지는 포토그래픽 소프트웨어 종류의 파일이나 사진 파일을 이용하여도 가능하다. 아래의 샘플작업은 컴퓨터 아이콘을 캡쳐하여 컬러(Color)를 구분하여 표면에서 옵셋(Offset) 기능을 이용하여 다단으로 솔리드 모델링이 생성 되도록 한 것이다.

daumlogo.png

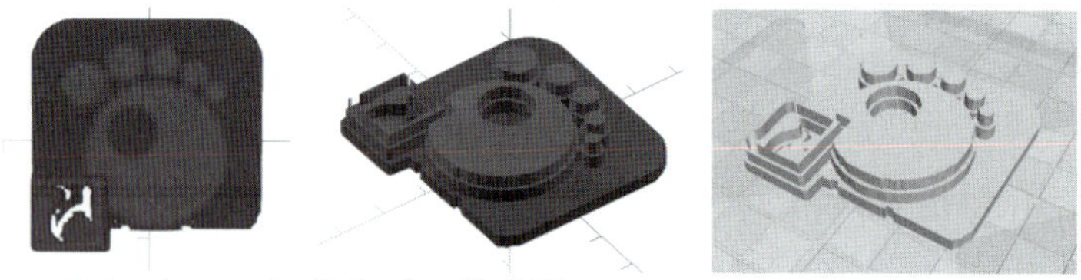

daumlogo.stl

```
echo(version=version()); for (a = [1, 2, 3])
    color([a/6 + 0.5, 0, 0])
        linear_extrude(height = 3 * a, convexity = 10)
            projection(cut = true, $fn=100)
                translate([0, 0, -30 * a])
                    surface("daumlogo.png", center = true, $fn=100);
```

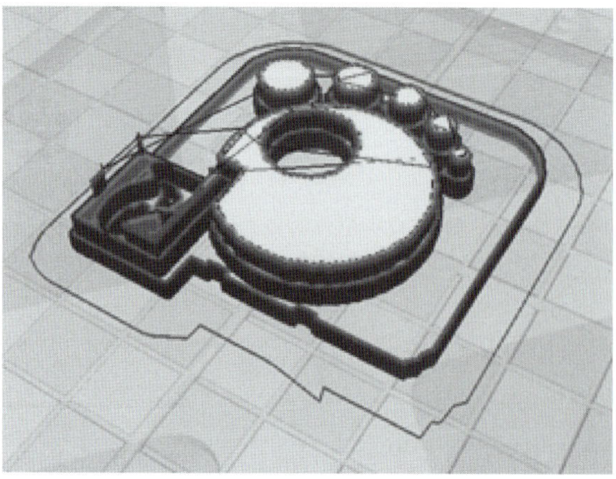

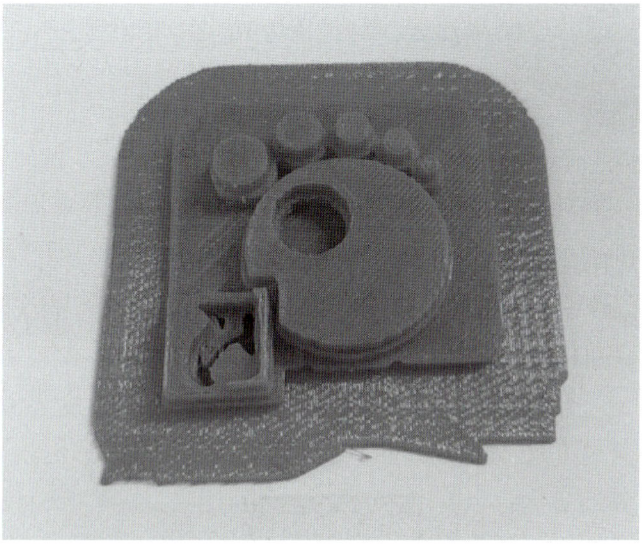

■ 그림 2.14 3D 프린팅과 결과물

학습 학습자들과 협업하여 변형된 형상 코딩과 3D 프린팅 슬라이싱 작업하기

1 종이에 굵은 팬으로 간단한 그림을 그리고 사진찍어 올리기

2 컴퓨터 그림판 프로그램을 이용한 그림을 그리고 파일로 저장하여 올리기

Chapter 03

원심 송풍기 제작

01 개요

송풍기는 공기를 사용목적에 적합하게 이송시키는 기계로써 산업발전과 더불어 다양한 분야에 사용되고 있다. 일반 제조공정, 발전설비 및 보일러의 공기공급용, 광산 및 터널의 급배기용, 건물의 공기조화용 등으로 사용용도가 매우 광범위하며, 에너지 사용량이 크므로 에너지 절감을 위해 많은 전문가들이 저비용에 효율을 극대화할 수 있는 제품개발에 많은 노력을 하고 있다. 사용목적에 부합되는 설계, 선정과 설치, 운영 등을 통하여 에너지를 많이 절약할 수 있는 가능성을 갖고 있으며 점차 중요성이 인식되어 최종 사용자 입장에서 이러한 목적을 충족시키려 노력하고 있다. 최근에는 에너지절약 뿐만 아니라 작업현장에서의 소음공해에 대한 관심이 증대됨에 따라 송풍기에서 발생하는 소음 및 진동을 감소시키기 위한 제품의 설계와 제작기술을 개발하고 있다. 본 내용에서는 송풍기에 관한 이해를 돕기 위해 송풍기에 관련된 기본적인 고려사항으로써 송풍기의 종류별 특성, 송풍기의 성능 평가에 관련되는 용어에 관한 설명과 원심송풍기의 외형설계방법 및 송풍기에 적용되는 기본법칙들에 관한 전반적인 사항을 간략하게 설명하고 레이디얼 원심 송풍기의 디자인 데이터를 Full Cloud 기반의 "Onshape" 소프트웨어에서 다운받아서 3D 프린팅 하는 과정을 설명하고 있다.

1 송풍기의 종류와 특성

송풍기는 임펠러의 회전운동으로 공기에 에너지를 가하여 공기량과 압력을 얻는 공기기계로써 흡입구와 토출구의 압력비가 1.1 미만인 것을 팬(fan)이라 하고 압력비가 1.1 이상 2.0 미만인 것을 블로우어(blower)라고 일반적으로 분류한다. 이를 통칭하여 송풍기라 한다. 송풍기는 공기의 이송방향과 임펠러축이 이루는 각도에 따라 원심 및 축류송풍기로 구분하며 임펠러의 형상 및 구조에 따라 아래와 같이 세분화 되어 분류하고 있다. 여기서는 원심 송풍기에 대하여 간략하게 설명하였다.

☑ 터보형 송풍기의 분류

① 축류식 : 회전차의 회전에 의한 날개의 양력으로 에너지를 얻음
② 원심식 : 회전차의 회전 원심력에 의해 에너지를 얻음 다익(mutiblade), radial, turbo

2 원심송풍기

원심송풍기는 공기가 임펠러의 반경반향으로 이송되면서 공기량과 압력을 발생시키는 송풍기로써 임펠러 깃의 형상과 설치각도에 따라 특성이 변한다.

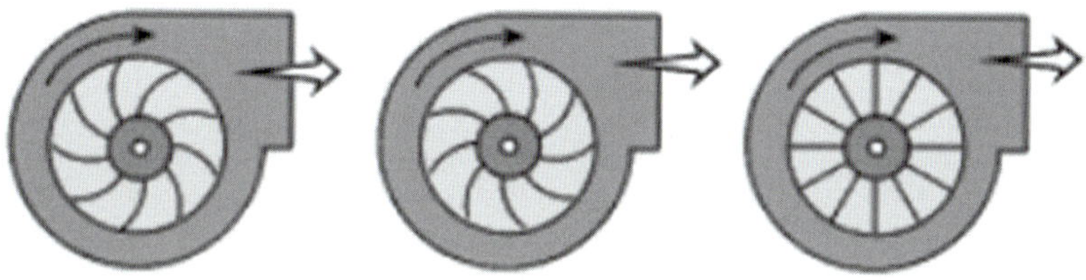

(a) Forward Curved (b) Backward Curved (c) Radial

☑ 깃 경사에 따른 분류

① 전경깃(forward curved blade) : 다익팬 (mutliblade fan)
- 회전방향에 대한 출구각이 90도 이상
- 익현길이가 짧고 깃폭이 넓음
- 풍량은 크지만 효율은 떨어짐
- 깃수 48~64매
- 고층건물내의 환기나 통풍
- Sirocco fan : 처음 판매한 회사에서 명명

② 반지름방향 깃(radial blade) = 반경류 팬 (radial fan)
- 깃수 : 6~12, 12~16 가장 적음
- 다익팬에 비해 익현 길이는 길고 깃폭이 짧음
- 다익팬에 비해 효율은 좋음

③ 후경 깃, 뒷보기 깃(backward curved blade) = turbo fan
- 깃수 : 8~24매, 12~20매, 다익과 레이디얼 팬의 중간 정도
- 익현길이, 깃폭은 레이디얼 팬과 비슷
- 구조는 가장 크지만 효율은 가장 좋음
- 보일러의 강제 통풍, 광산의 환기

④ 한정부하 팬(limit loaded fan)
- 깃의 모양이 S자형
- Casing의 흡입구에 프로펠러형의 안내깃이 고정되어 있음
- 풍량이 설계점 이상으로 증가하더라도 축동력이 증가하지 않음

⑤ 익형 팬(airfoil fan)
- 익형으로 된 깃
- 값은 비싸지만, 효율이 좋고 소음이 적음

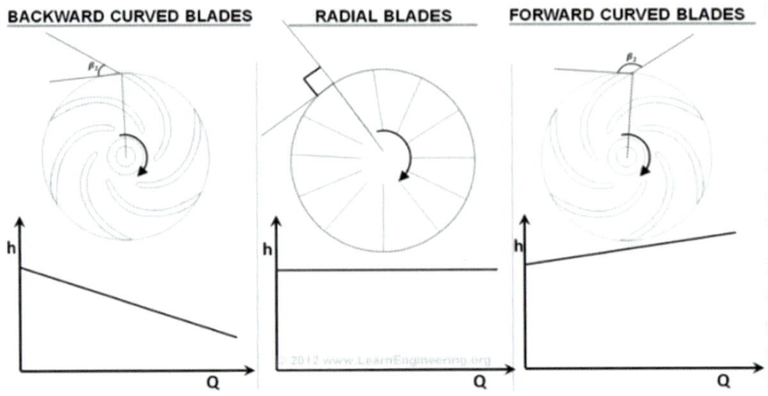

■ 그림 3.1 원심 송풍기의 깃 형상들

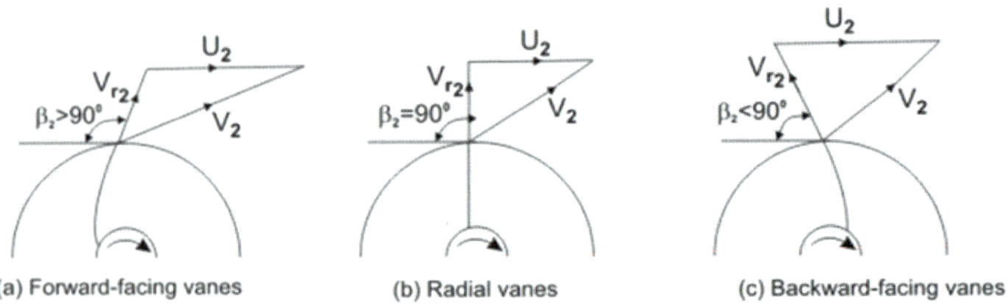

■ 그림 3.2 원심 송풍기 안내깃 형상에 따른 토출 속도분포

3 원심 송풍기 모델링

원심 송풍기는 "Onshape"에서 모델링된 파일을 각각의 부품을 STL 파일로 Export 하여 3D 프린팅 하여 조립하는 과정으로 설명하고 있다. Onshape 소프트웨어는 교육기관 기본적으로 무료지원 되는 Full Cloud 3D CAD 시스템이다. 따라서 학생들은 무료계정으로 3D CAD를 사용할 수 있는 환경이다. 여기서 사용되는 원심 송풍기(Fan Blower)는 FDM type의 3D 프린터에서 프린팅이 원활히 될 수 있는 부분을 선택하여 프린팅 하고 체결부분의 볼트/너트 요소는 기존제품을 사용하는 형태로 하였다.

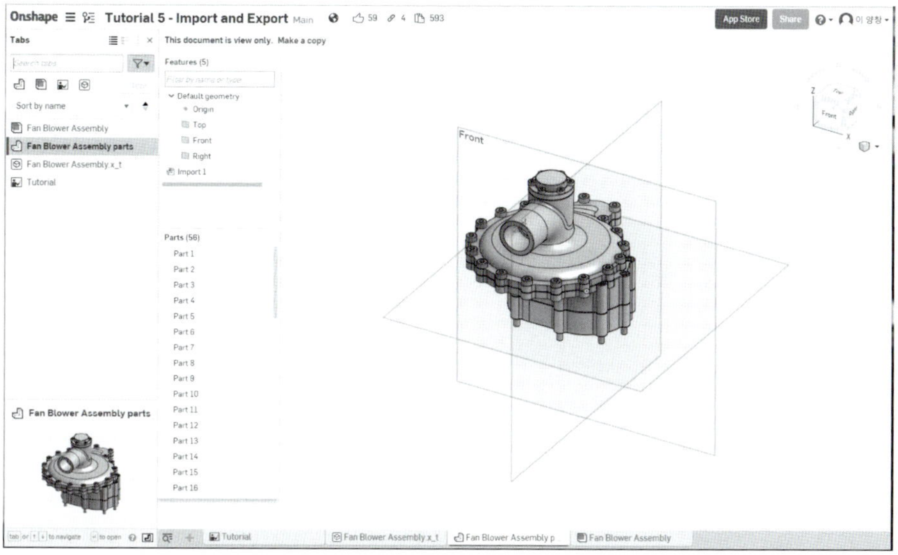

■ 그림 3.3 Onshape 소프트웨어 모델링 화면

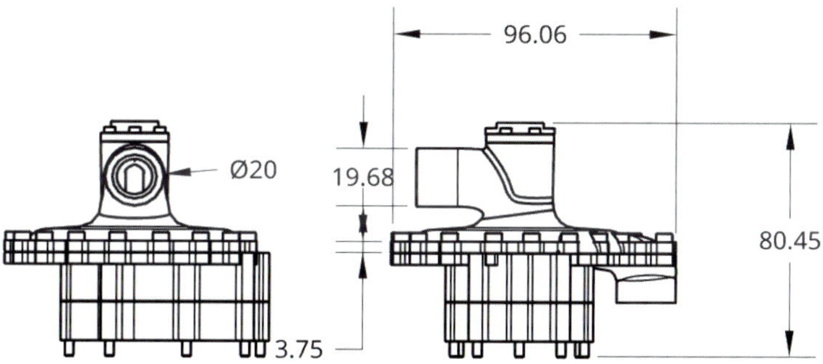

■ 그림 3.4 원심 송풍기(Fan Blower) 2D 도면

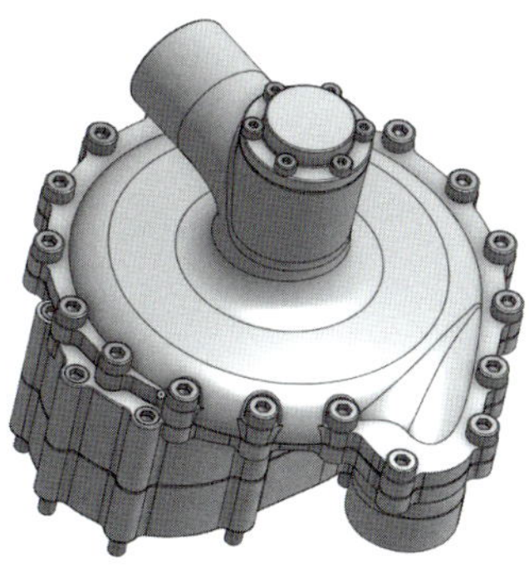

■ 그림 3.5 원심 송풍기(Fan Blower) 3D Model(Assembly)

■ 그림 3.6 3D 프린팅 제품 조립(완성품)

4 부품 3D 프린팅

원심 송풍기의 부품을 3D 프리팅하기 위해 Slicer는 오픈소스의 Cura를 기본적으로 사용하였다. 그리고 프린팅 작업에 사용된 3D 프린터의 형식은 보급형 FDM 프린터를 사용하였다. 부품의 종류에 따라 단시간에 프린팅되는 부품도 있지만, 케이싱과 같은 부품들은 수십시간이 소요되는 경우가 있다. 이는 사전에 필요한 부품을 3D 프린팅을 위해 다양한 프린팅 설계가 필요함을 알 수 있다. 여기서는 완성된 3D 모델링 데이터를 편집하지 않고 그대로 3D 프린팅 하였다. 아래의 과정은 Slicing 작업과 3D 프린팅 작업 결과를 부품별로 나타낸 것이다. 학습자들은 본 내용을 참조로 다양한 기계부품을 3D 프린팅 하여 조립하면서 실무적인 경험을 하여야 한다. 특히, 공학계열 학생들은 교과서에 있는 제품들을 솔리드 모델링하여 3D 프린팅과 조립과정에서 설계 데이타를 직접 제작하여 실질적인 설계와 조립과정에서 재료 수축에 의한 공차개념들을 경험하는 과정이 필요한 부분이다. 이에 각 재료별 수축률을 참고하여 3D 프린팅 작업에서 수축률을 적용하여 부품조립에서 문제가 없도록 사전에 공학적인 개념을 정확히 이해하고 접근하는 과정을 익힐 수 있다.

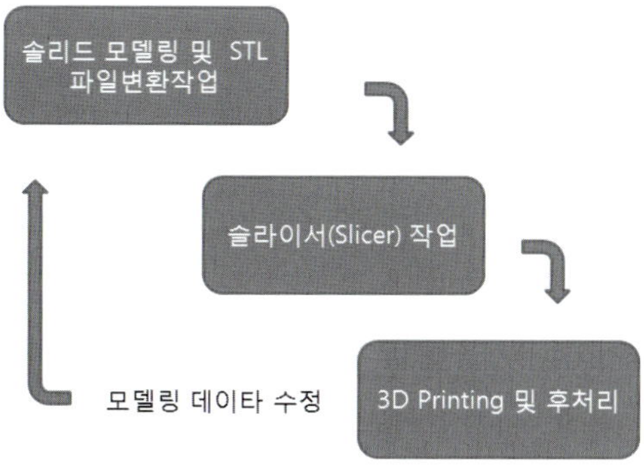

■ 그림 3.7 3D 프린팅 과정

Step 1

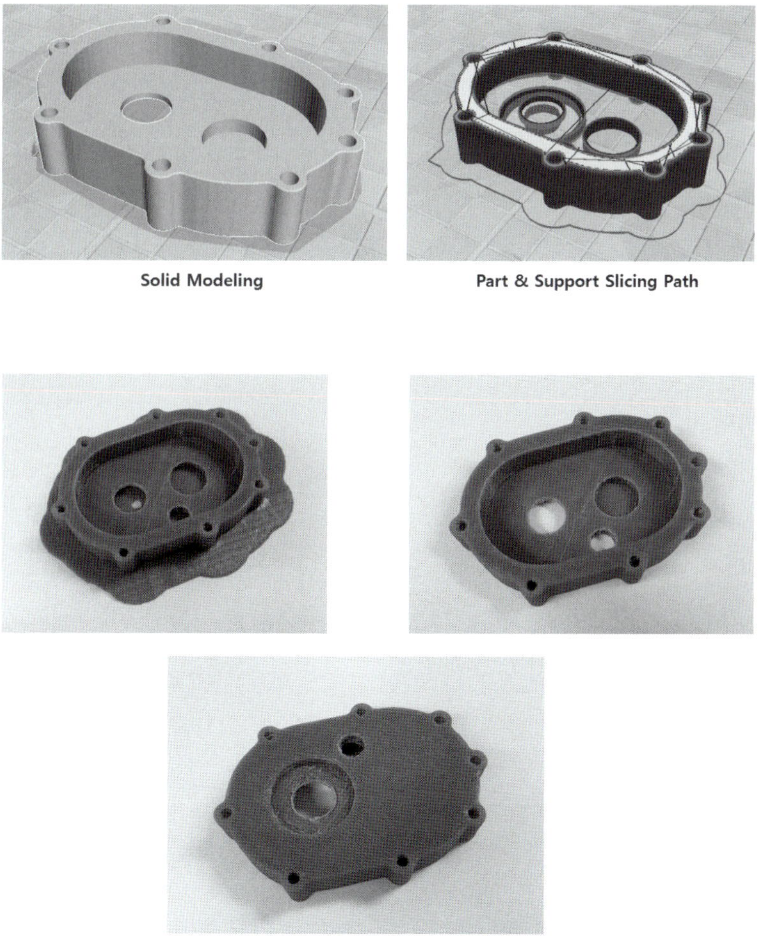

■ 그림 3.8 부품(1) 솔리드 모델링과 슬라이서 작업 및 3D 프린팅 작업 결과

Step 2

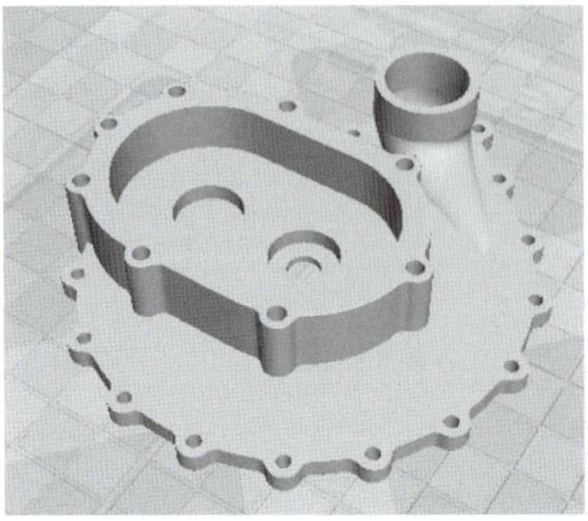

Solid Modeling

Part & Support Slicing Path

■ 그림 3.9 부품(2) 솔리드 모델링과 슬라이서 작업 및 3D 프린팅 작업 결과

Step 3

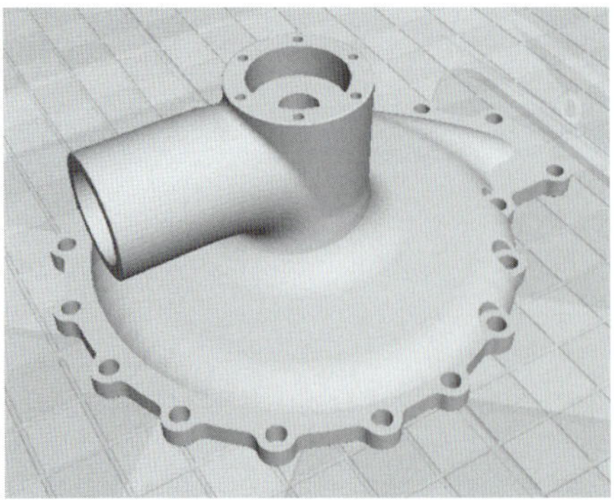

Solid Modeling

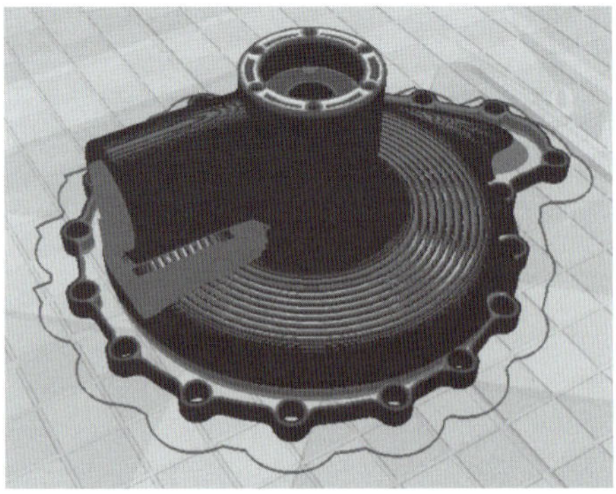

Part & Support Slicing Path

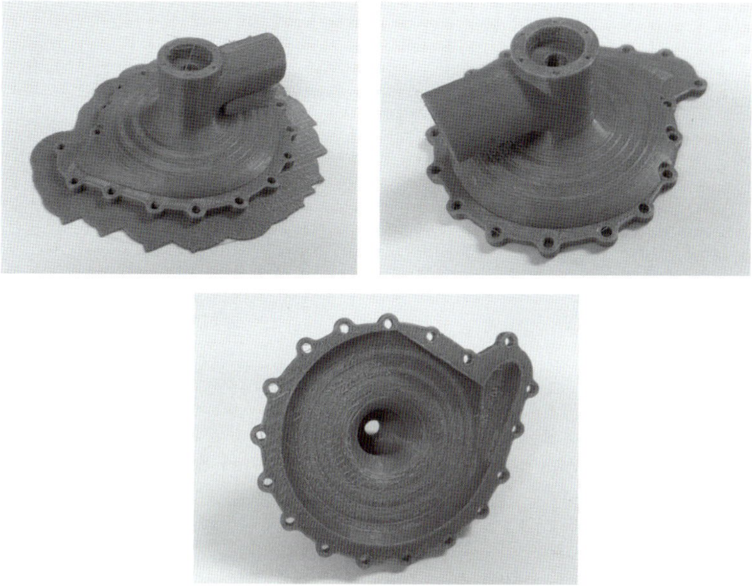

■ 그림 3.10 부품(3) 솔리드 모델링과 슬라이서 작업 및 3D 프린팅 작업 결과

Step 4

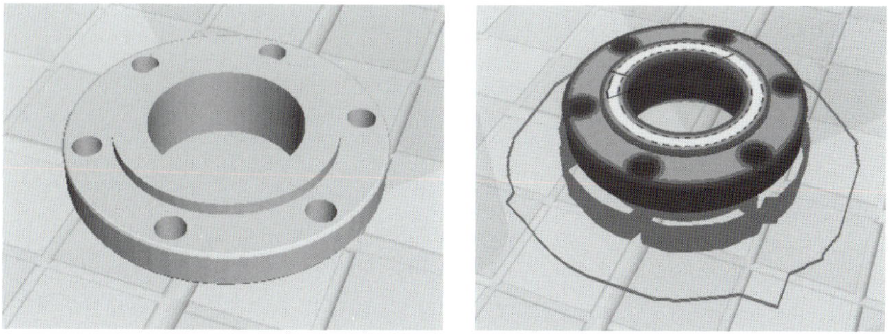

Solid Modeling **Part & Support Slicing Path**

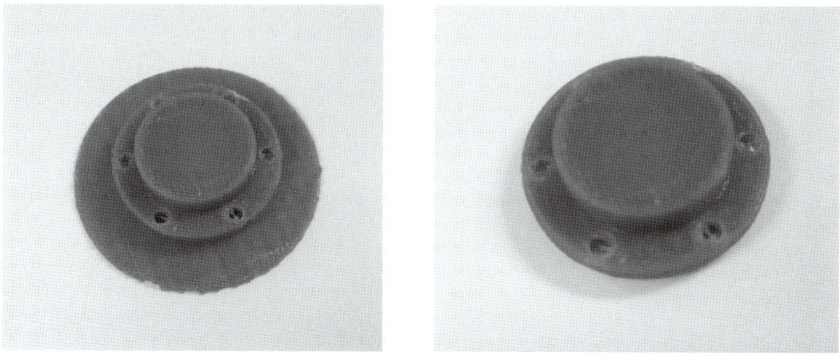

■ 그림 3.11 부품(4) 솔리드 모델링과 슬라이서 작업 및 3D 프린팅 작업 결과

Step 5

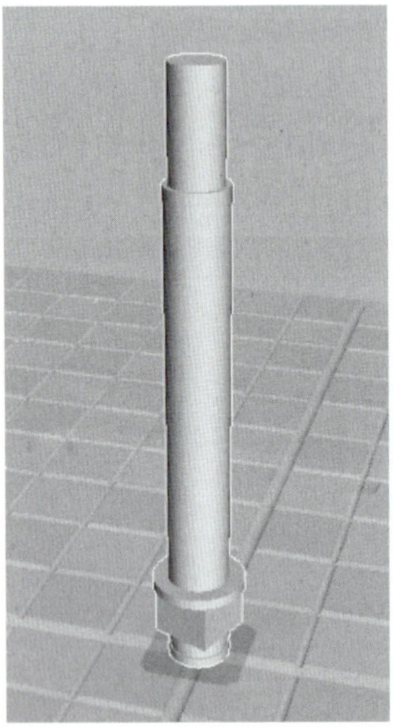

Solid Modeling

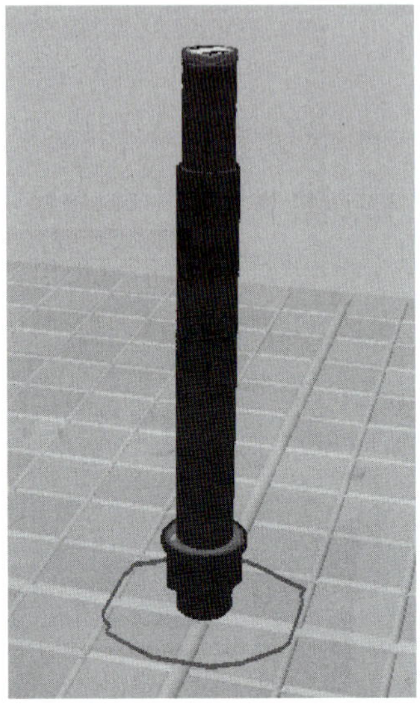

Part & Support Slicing Path

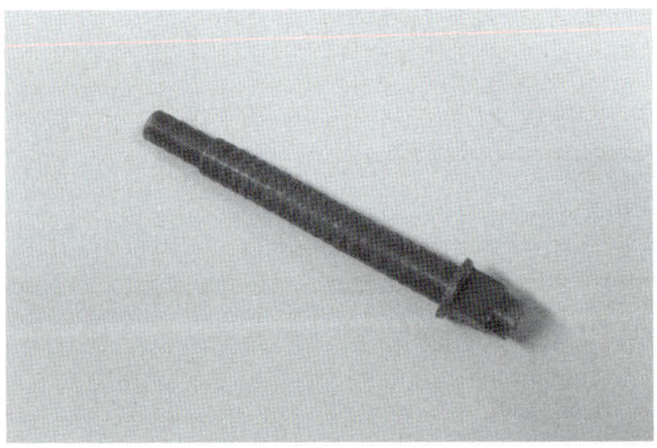

■ 그림 3.12 부품(5) 솔리드 모델링과 슬라이서 작업 및 3D 프린팅 작업 결과

Step 6

Solid Modeling

Part & Support Slicing Path

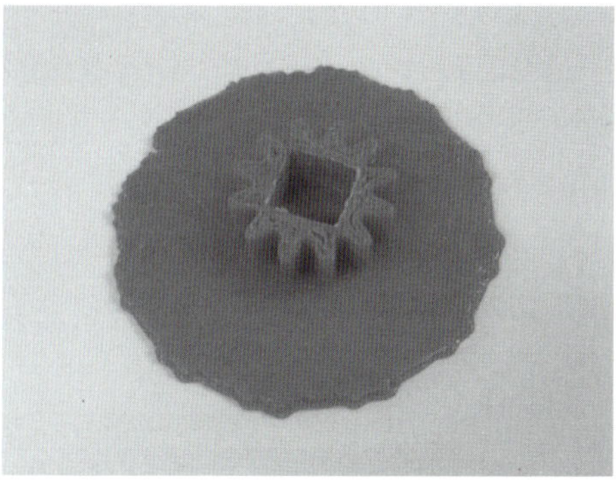

■ 그림 3.13 부품(6) 솔리드 모델링과 슬라이서 작업 및 3D 프린팅 작업 결과

Step 7

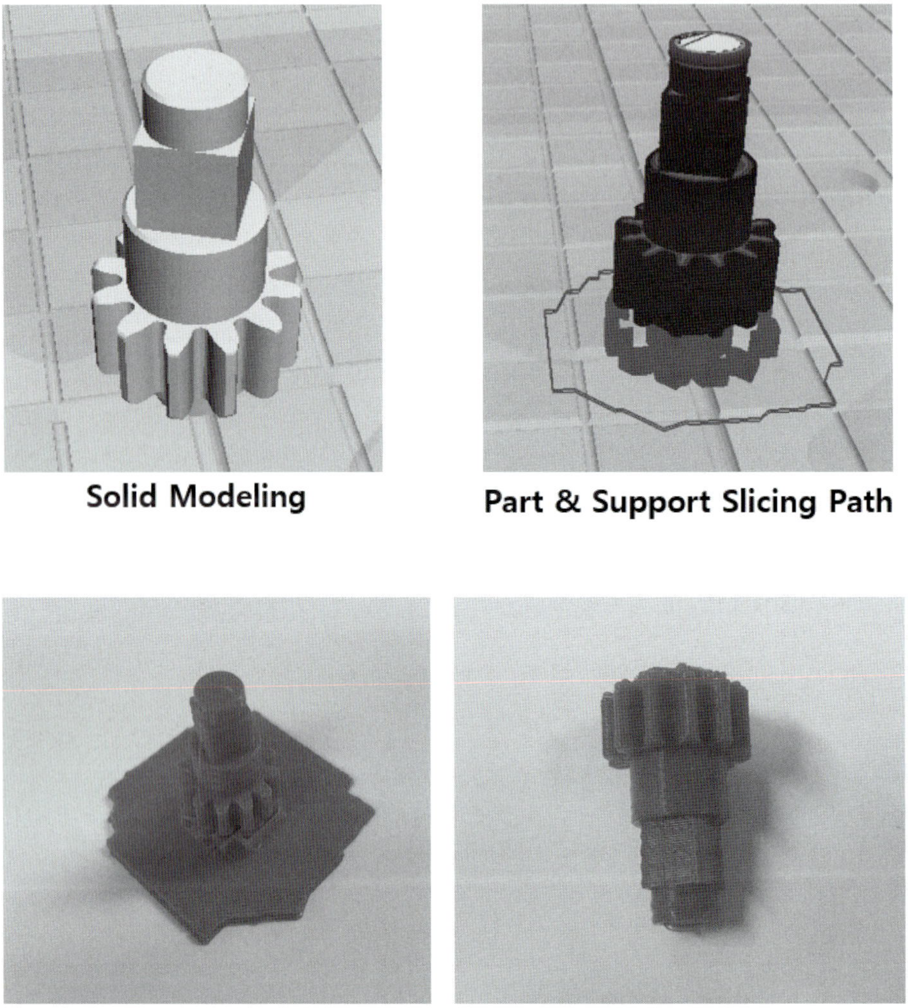

■ 그림 3.14 부품(7) 솔리드 모델링과 슬라이서 작업 및 3D 프린팅 작업 결과

Step 8

Solid Modeling

Part & Support Slicing Path

■ 그림 3.15 부품(8) 솔리드 모델링과 슬라이서 작업 및 3D 프린팅 작업 결과

Step 9

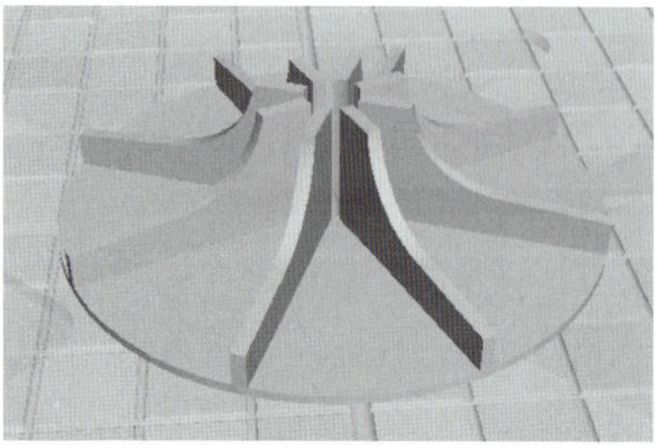

Solid Modeling

Part & Support Slicing Path

■ 그림 3.16 부품(9) 솔리드 모델링과 슬라이서 작업 및 3D 프린팅 작업 결과

02 3D 프린팅과 조립

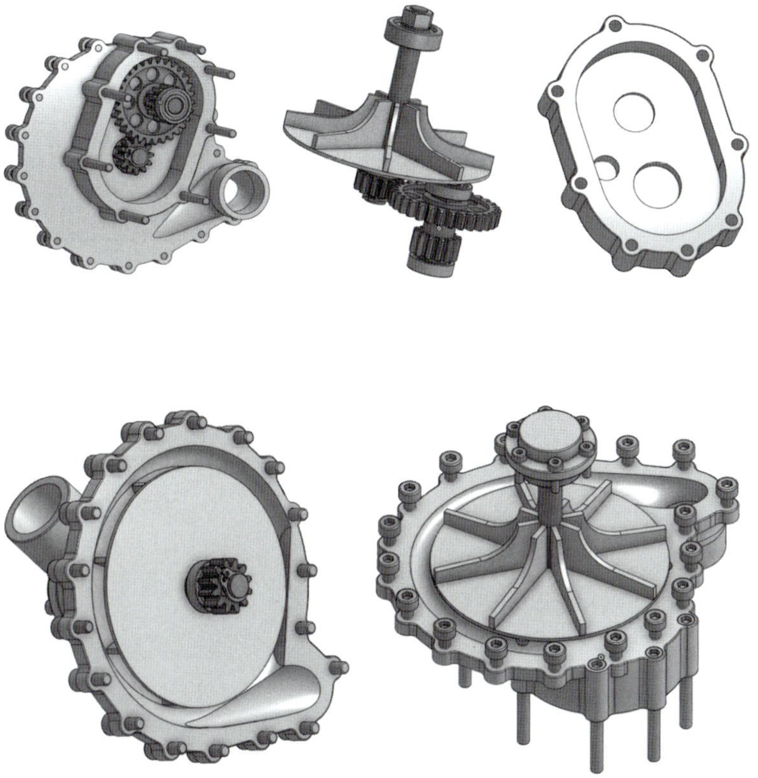

■ 그림 3.17 주요 부품 조립도(솔리드 모델링)

위에서 3D 프린팅된 제품들을 후처리 한 후에 아래 그림과 같은 과정으로 조립을 하여야 완성할 수 있다. 조립은 순서가 매우 중요하다. 특히, 조립에 앞서 프린팅된 제품의 표면과 치수를 확인하여야 한다. 확인 작업에서 기준에 적합하지 않다면 다시 앞에서 설명한 과정을 반복하여 정밀하게 3D 프린팅 과정을 되풀이하게 된다. 따라서, 처음부터 형상 모델링을 조립을 고려한 기술이 필요하다. 그리고 3D 프린팅 시 재료특성으로 발생되는 수축률를 적용하여야 한다. 이는 반복된 연습과 기술이 요구되는 부분이다.

Step 1

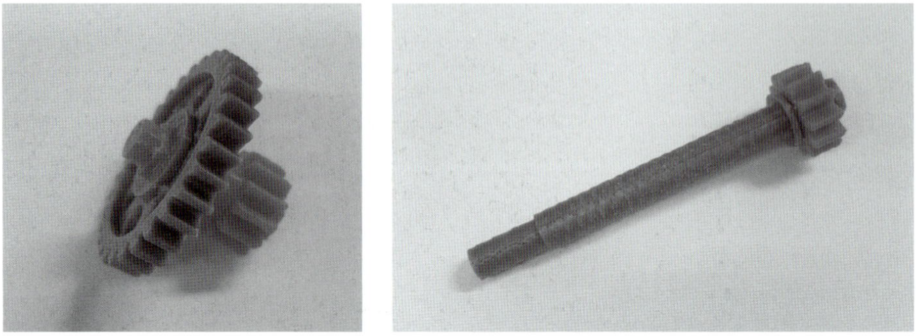

■ 그림 3.18 부품(5~8) 조립

Step 2

■ 그림 3.19 Step(1) 조립품을 부품(2)에 조립

Step 3

■ 그림 3.20 Step(2) 조립품을 부품(9)에 조립

Step 4

■ 그림 3.21 Step(3) 조립품을 부품(2)에 조립(볼트체결)

Step 5

■ 그림 3.22 Step(4) 조립품을 부품(1)에 조립(볼트체결)

Step 6

■ 그림 3.23 Step(5) 조립품을 부품(4)에 조립(볼트체결)

학습 학습자들과 협업하여 변형된 형상 코딩과 3D 프린팅 슬라이싱 작업하기

1 종이에 굵은 팬으로 기본 개념도를 그리고 설명하기

2 3D CAD 소프트웨어를 이용하여 정밀한 솔리드 모델링과 3D 프린팅 하기

Chapter

04

책상용 LED 스탠드 제작

01 개요

우리는 일상생활에서 전기제품을 필수적으로 사용하고 있다. 특히 다양한 밝기의 역할을 하는 전등은 모든 곳에서 사용하고 있는 필수 제품이다. 요즘은 에너지 절약형을 LED(Light Emitting Diode) 램프를 이용한 스탠드 제품이 많이 생산되고 있다. 그리고, LED모듈을 생산하여 일반소비자들이 필요에 따라 변형하여 사용할 수 있도록 하는 제품들이 다양하게 개발되어 판매되고 있다. 여기서는 LED 램프와 전기장치를 간단하게 연결하여 책상용 스탠드를 스스로 제작할 수 있는 과정을 설명하고자 한다. 이를 위해 전기제품의 내용과 기구설계과정과 기구부품을 3D 프린터를 이용하여 정밀하게 프린팅 하여 LED 램프와 기구물를 조립하여 LED 스탠드로 사용할 수 있도록 하고자 하였다.

1 광원의 종류

인류의 가장 위대한 발견 중 하나가 불이다. 불의 발견을 통해 활동시간이 늘어났으며 이를 위해 많은 과학자들은 불로 에너지 소비가 적은 광원을 개발하였다. 이것이 인공광원 이다. 광원은 지금까지 산업발전은 물론 인류가 발전하는데 없어서는 않되는데 요소이다(광원 : 태양, 전구, 촛불과 같이 스스로 빛을 발하는 물체를 통틀어 이르는 말).

인공광원의 종류로는 다음과 같다.

① **촛불** : 고대 로마인들은 말려진 파피루스에 녹인 밀랍이나 동물기름을 반복적으로 적셔 심지 있는 양초를 만들어서 사용하게된 것이 최초의 양초이며 촛불을 켜게 되었다고 한다. 이것이 본격적으로 사용하게 된 인간의 인공광원이라 할 수 있다.

② **백열램프** : 1879년 에디슨의 의해 발명되었으며 국내에서는 1887년 경복궁에서 점등 되었던 기록이 있다. 100년 넘게 인류와 함께한 백열전구는 효율성을 이유로 점차 사라지는 추세이다. 유럽은 2009년부터 점차적으로 판매 중단을 시작하였고 미국, 일본, 중국, 러시아, 브라질 등 이미 판매중단 되거나 점차적으로 판매를 중지시키고 있다. 국내에서도 환경문제 등 여러 가지 이유로 점차적으로 줄여가고 있다.

③ **할로겐 램프** : 백열램프의 단점을 보안하여 나오게 된 제품이다. 백열램프에 비해 수명이 길고 노화에 의한 색온도 변화가 거의 없으며 크기 또한 백열램프에 비해 작다. 효율성이 많이 증대되어 상업조명에 많이 사용하기도 한다.

④ **형광등** : 전세계 인공조명의 70%를 차지하는 형광램프 적은 전력 소모로 인류의 산업화 발전에 큰 기여를 하게 되었다. 다양한 공간에 적용이 되며 거의 모든 인공조명에 사용 된다고 해도 과언이 아니다.

⑤ **방전등** : 형광등이나 백열전구에 비해 광효율이 매우 좋다. 전력 공급 대비 훨씬 많은 광량을 공급해주며 작은 공간에 높은 광속을 제공한다. 이러한 이유로 쇼핑몰이나 자동차 라이트에 주로 쓰이며 가로등, 산업용 조명등에도 많이 쓰이고 있다. 수명은 할로겐의 5배 할로겐램프에 최고 10배 이상 차이가 난다.

⑥ **LED** : 1960년대 처음개발 되었다. 기존에 인공광원과는 완전히 다른 다이오드를 이용한 인공광원 이다. 즉, 발광하는 반도체 소자로서 발광 다이오드로 빛을 낼수 있는 다이오드 이다. 장점은 소비전력이 낮다. 수명이 길고, 매우 친환경적이라 최근에 매우 각광받고 있으며 이미 우리 생활에 많이 사용되고 있다. 특히, 생활용 전기제품은 물론 자동차 램프에도 LED 광원으로 바뀌고 있다.

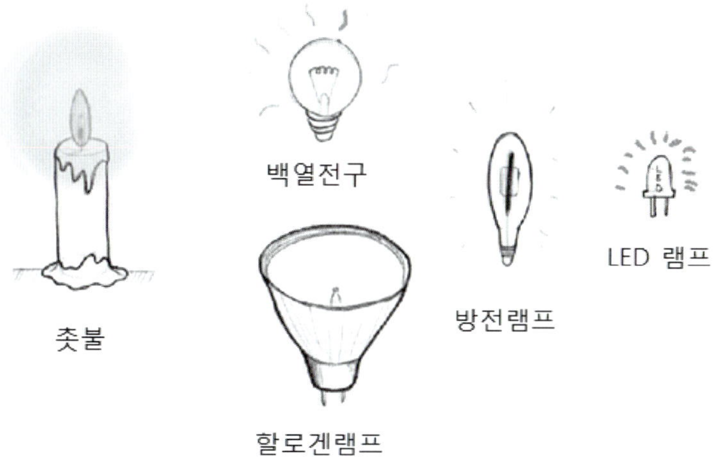

■ 그림 4.1 광원종류

* 빛을 이용하는 전기·전자 제품 : 텔레비전, 전기스탠드, 손전등 등이 있다.
* 빛을 이용하는 전기·전자 제품의 기본 원리 : 전기를 빛으로 바꾸어 이용하는 제품에는 발광 다이오드(LED)나 형광등, 백열전구가 사용된다. 전기가 흐르면 빛이 난다.

2 LED(발광다이오드)와 백열전구의 차이점

빛을 밝히기 위해 오랜 기간 백열전구가 일반적으로 사용되고 있다. 그러나, 많은 에너지 소비와 크기, 취급에 문제 등으로 요즘은 아주 작으면서도 백열전구의 단점을 모두 해결할 수 있는 장점을 지니고 있다. LED는 백열전구에 비해 전력소비가 1/3 ~ 1/10정도만 사용하기 때문에 전력을 절약 할 수 있는 광원이다. 또한, 수명도 길기 때문에 램프교체가 쉽지 않은 장소나 제품에 적합하다. LED는 에폭시 수지로 덮은 광원으로 반도체를 이용해 빛이 나게 되는데 반도체의 원리는 전기의 플러스부분이 움직이는 부분과 마이너스가 움직이는 부분이 마찰되어 빛이 생기는 원리이다. 플러스가 움직이는 부분을 P형 반도체, 마이너스가 움직이는 부분을 N형 반도체라고 한다. 기존 백열전구가 필라멘트를 가열하여 빛을 내는 방식이라면 LED는 전기에너지를 빛으로 변환하기 때문에 효율이 매우 좋다. 실제로 백열전구의 효율은 5%정도에 지나지 않다.

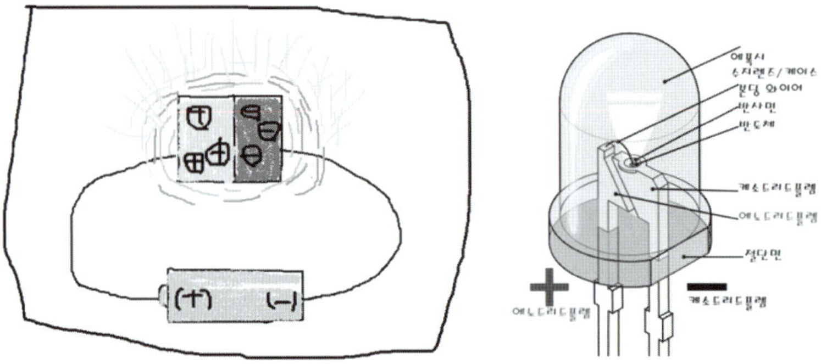

■ 그림 4.2 LED 발광원리와 발광다이오드 구조

3 원리

발광 다이오드는 반도체를 사용한 PN접합이라 말하는 구조이다. 발광은 이중에 전자를 갖은 에너지를 직접 광에너지로 변환하여 발생되고 전극에서 반도체에 주입된 전자와 정공은 다른 에너지 대가 흘러 PN 접합부 부근에서 금지대를 넘어서 재결합, 재결합 시 금지대 폭에 상당하는 에너지가 광자(빛)으로 방출한다.

4 전기적 특성

극성을 갖고 있으며 캐소드(음극)에 대하여 애노드(양극)에 정전압을 가하여 사용하고 전압이 낮은 동안은 전압을 올려도 전류가 흐리지 않고 발광도 하지 않는다. 어느 정도 전압이상이 되면 전압 상승에 의해 전류가 빠르게 흘러 전류량에 비례해서 빛을 발생된다. 이 전압을 순방향 강하 전압이라 하고 일반적인 다이오드와 비교해서 발광다이오드는 순방향 강하전압이 높다. 발광색에 따라 빨강색, 오렌지색, 노랑색, 초록색(2.1V), 빨간색을 내지 않는 것(1.4V), 백색과 파란색(3.5V)로 구분한다.

5 차세대 LED 조명 분야

(1) 차세대 조명의 정의

차세대 조명에 대한 명확한 정의는 존재하지 않으나 협의의 의미로 백열전구를 대체할 새로운 조명 장치를 의미한다. 형광등은 저가격, 고효율 광원으로 백열전구를 대체하고 있으나 수은과 납 등의 유해물질 사용으로 인한 환경문제로 차세대 조명에 포함되지 않는다. 차세대 조명은 지구온난화로 인한 기후 문제 등의 이슈에 대응하기 위한 목적성을 고려해야 하므로 '기존 조명의 대체 조명으로서 친환경, 저소비전력, 고효율 및 장수명의 특징을 지닌 새로운 조명'으로 정의하고 있다.

(2) 차세대 조명의 종류

LED와 OLED는 대표적 차세대 조명으로 기술 개발을 통한 성능 향상 및 저가격화를 통해 향후 기존조명을 대체할 것으로 예상되며 고가의 LED, OLED 외 기존 광원의 방전발광 방식을 개선한 콤팩트 메탈할라이드 램프 (Compact Metal-halide Lamp), 무전극 형광램프, UCD램프(Ultra Constant Discharge Lamp) 등이 차세대 조명으로서 기술개발이 진행 중이다.

LED(Light Emitting Diode)

- 발광 다이오드를 뜻하며, p-n 반도체 접합부에서 전자(electron)와 정공(hole)의 재결합 에너지에 의해 발광하는 원리로 반도체 재료에 따라 적외선, 가시광선, 자외선 발생
- LED는 점광원의 특징을 갖으며 다양한 광색 및 색온도, 광출력 제어가 가능하고 충격에 강해 다양한 응용 가능

- 소비전력은 백열전구의 1/10, 형광등의 1/2수준이며, 사용 수명은 백열전구의 40배, 형광 등의 3배로 저소비 전력, 장수명 광원

OLED(Organic Light Emitting Diode)

- LED와 마찬가지로 전자와 정공의 재결합 에너지가 유기물질인 발광층에 전달되어 광(光) 발생
- 점, 선, 면 등 다양한 형태의 광원 제조가 가능
- 발광효율 및 고휘도 수명에 대한 개선 필요

콤팩트 메탈할라이드 램프(Compact Metal-halide Lamp)

- 메탈할라이드램프에 세라믹 방전관을 사용하고 소형화한 광원
- 높은 광효율, 적은 열부하량, 연색성, 높은 색온도, 장수명이 특징

무전극 형광램프

- 전극을 사용하지 않으며 고주파 방전에 의해 발생한 자외선이 방전관 내의 형광물질을 발광
- 장수명, 고효율, 고연색성의 특징

UCD 램프 (Ultra Constant Discharge Lamp)

- 크세논 및 특수가스와 금속화합물을 방전관 내부에서 초정압 상태로 순간 고압방전 후 저전압으로 발광
- 고효율, 장수명, 다양한 색상 구현 가능

유기 EL(OLED,Organic LED)

전체가 발광하는 특징이 있고, 수명이 길고 전력소비가 적은 조명기기로 바뀌고 있다.

① 면의 전체가 발광하기 때문에 눈부심이 없다.

② 면의 모양을 자유롭게 선택할 수 있어 design의 자유도가 많다.

③ 유기물 분자구조의 조합이 무한해 이에 따라 발색을 달리할 수 있다.

④ 매우 가볍고 얇으며(발광층의 두께가 0.1μ m 이하)로서 발열량이 미소하여 광을 확산하기 위한 기구가 불필요하여 poster와 같은 조명에도 적합하다.

⑤ 발광면을 곡면으로 만들 수 있어 모양이 flexible하게 된다.

유기 EL은 “Edison 이래의 발명”이라 할 정도로 혁신성이 큰 반면 현재로서는 발광효율이 낮으며 휘도를 높이면 수명이 짧아진다.

■ 그림 4.3 유기 EL 조명

■ 그림 4.4 자동차 내부의 유기 EL 조명(image)

02 부품 3D 모델링

1 LED 스텐드 기구물 스케치

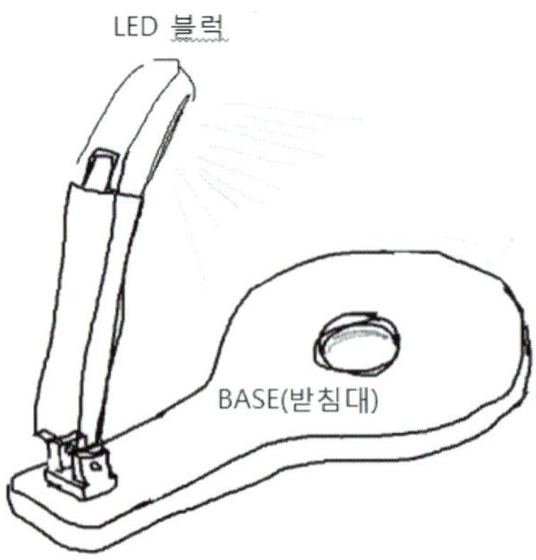

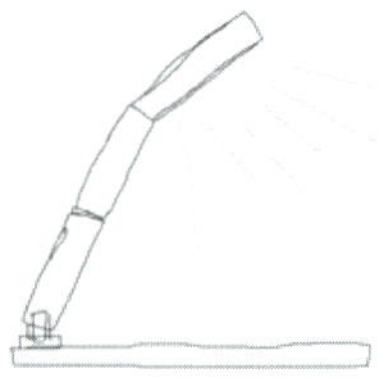

3단 블럭 구조(응용모델)

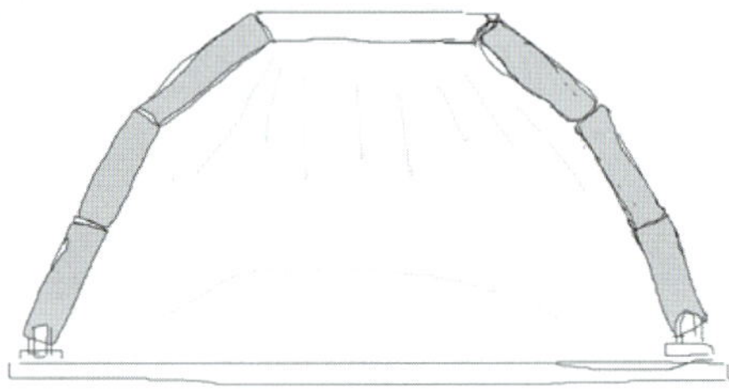

아치형 구조(응용모델)

2 LED 스텐드 제작 준비물

부품번호	재료명	규격	수량	공구번호	재료명	규격	수량
1	하판		1EA	❶	육각렌치	3mm	1EA
2	조명기구용 컨버터	무극성 (12v)	1EA	❷	드라이버		1EA
3	배선	1.5mm	1롤	❸	인두기		
4	나무피스	15mm	17EA	❹	니퍼		
5	평와샤		4EA				
6	M3 볼트		4EA				
7	LED등	CT-3PM-C	1EA				
8	제작제품		20EA				
9	M3볼트	15mm	21EA				

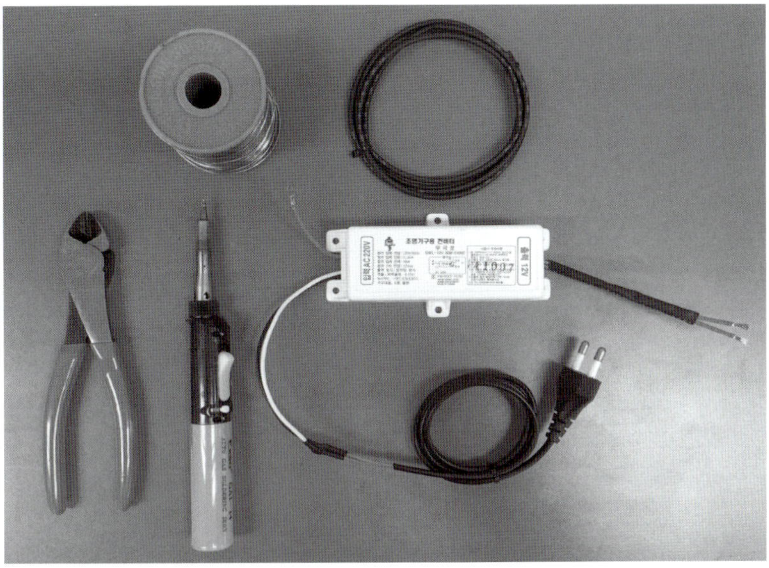

■ 그림 4.5 사용공구(니퍼 및 재료)

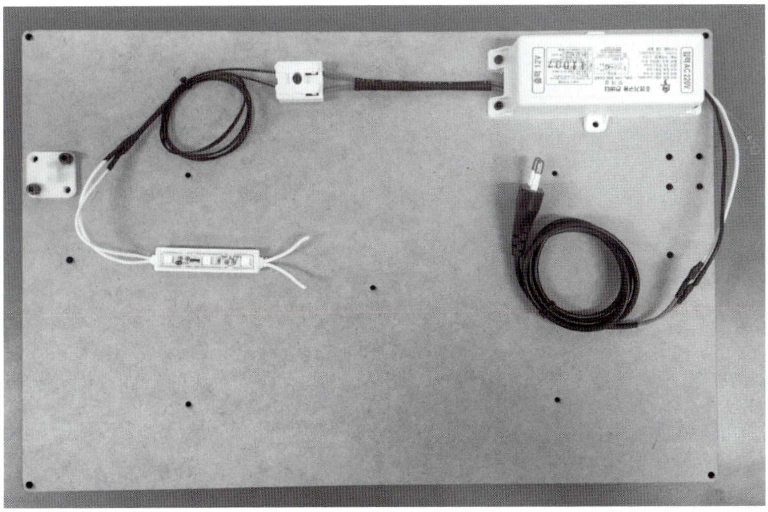

■ 그림 4.6 LED 조립을 위한 베이스 판넬

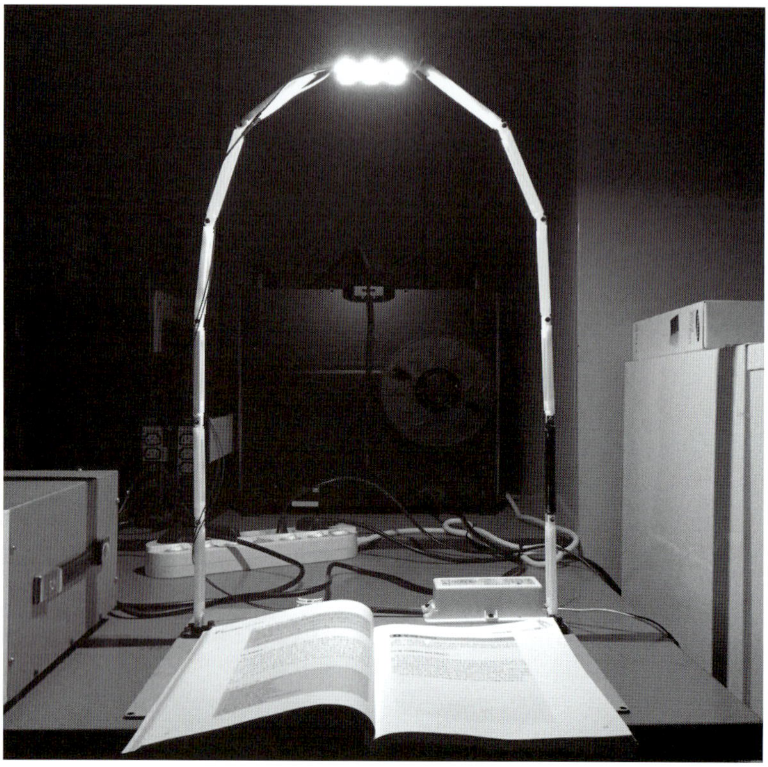

■ 그림 4.7 조립 완성품(아치형)

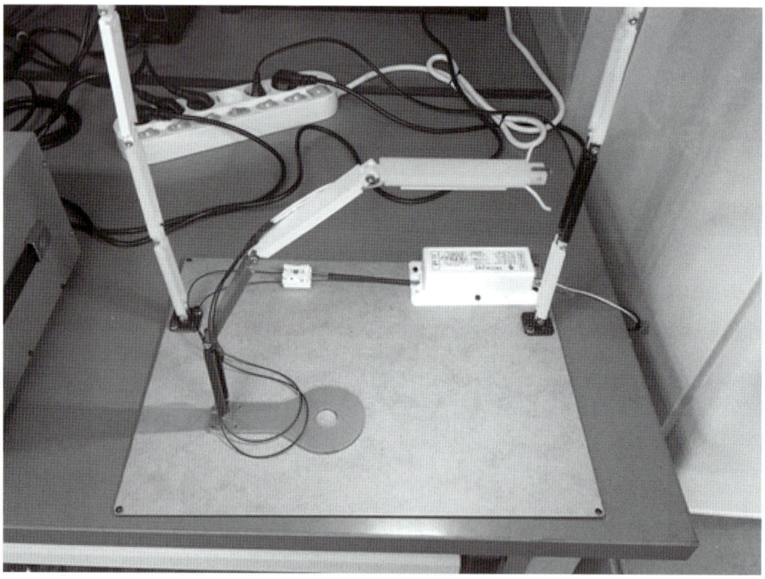

■ 그림 4.8 조립 완성품(외팔형)

3 블럭 및 베이스 모델링

위에서 스케치된 도면을 기준으로 3D CAD 소프트웨어를 이용하여 정확한 솔리드 모델링을 한다. 여기서는 3D 프린팅을 위한 것으로 3D 모델링 이미지를 설명하고 학습자들에게는 모델링 데이터를 *.STL 파일로 변환하여 제공한다. 사용되는 재료는 PLA 재료를 사용하고 3D 프린터는 FDM Type의 3D 프린터를 사용하는 것을 기본으로 하고 있다.

구분	모델링(이미지)	부품명(파일명)
1	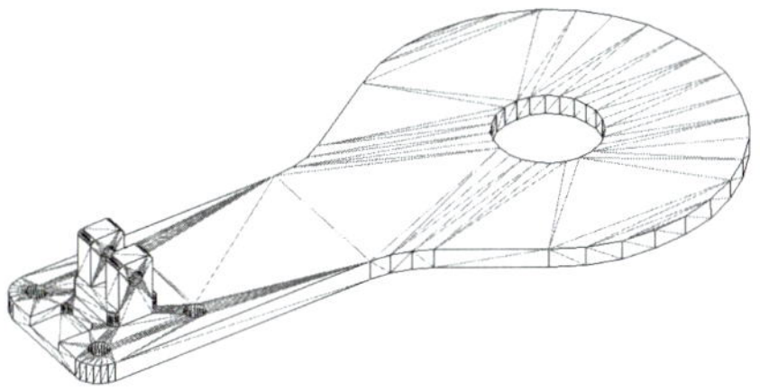	BASE(받침대) S-base.stl
2	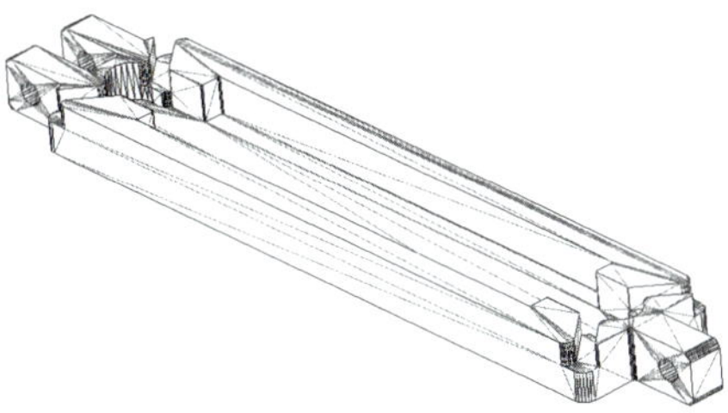	블록 (기둥 또는 LED 램프 설치용 블록) S-Block.stl
3	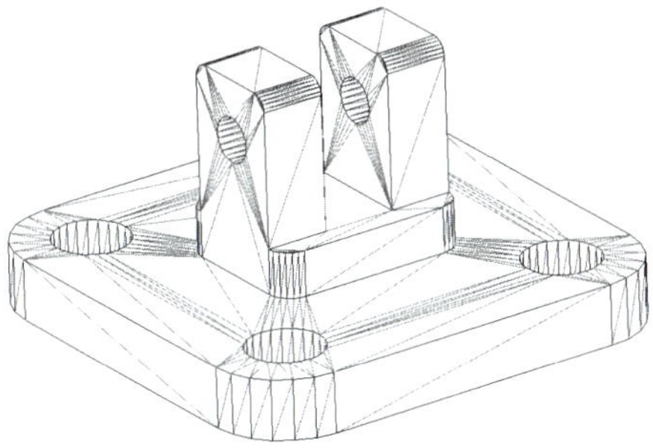	힌지(1) S-hinge(1).stl

4	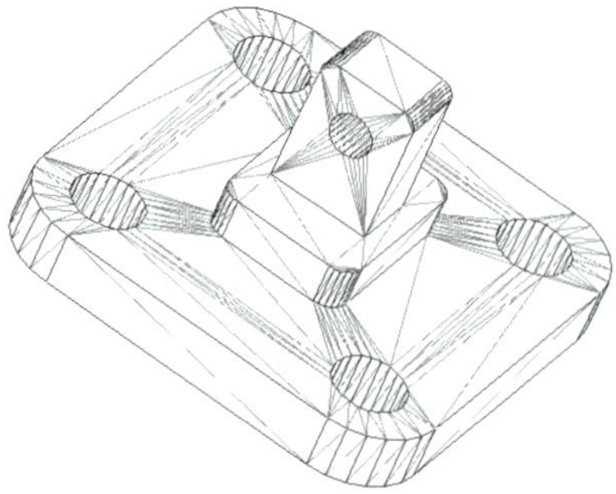	힌지(2) S-hinge(3).stl
5	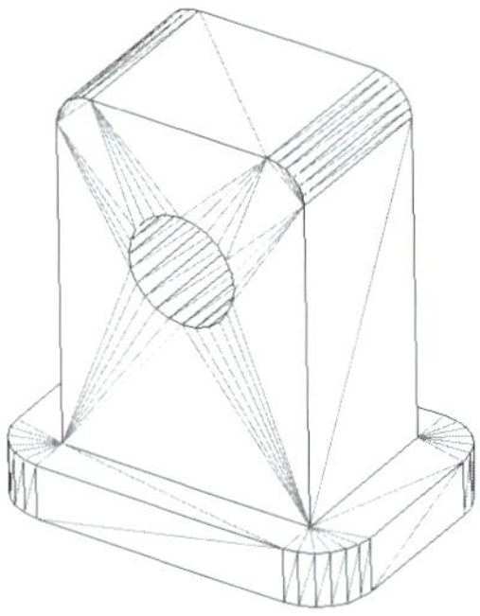	마감용 커버 S-cap.stl

03 3D 프린팅과 조립

1 베이스 부품 3D 프린팅 작업

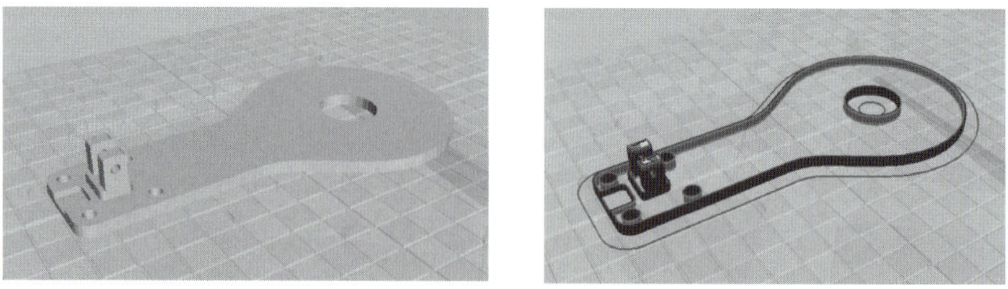

Solid Modeling　　Part & Support Slicing Path

■ 그림 4.9 베이스 부품 모델링 데이터 및 슬라이싱 작업

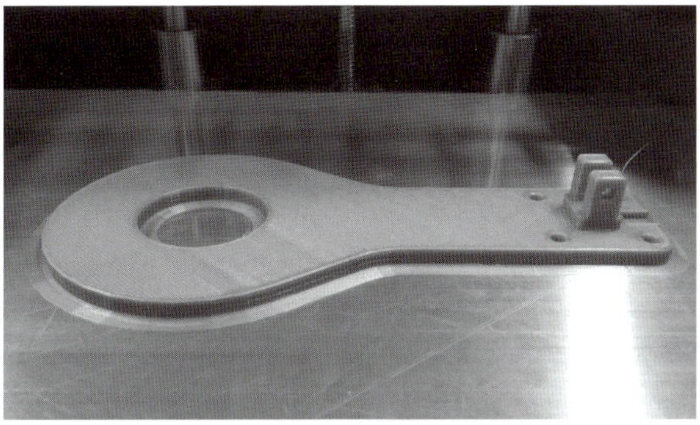

■ 그림 4.10 3D 프린팅 작업

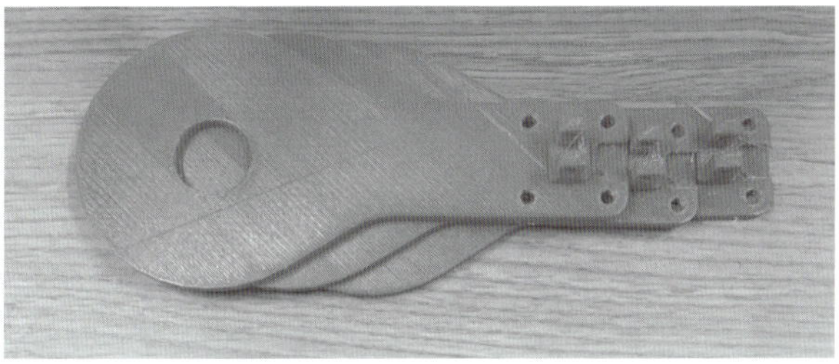

■ 그림 4.11 3D 프린팅 결과물

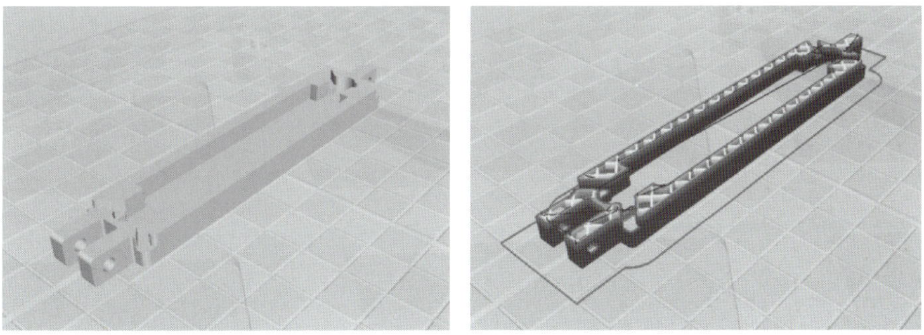

■ 그림 4.12 블록(기둥) 솔리드 모델링 데이터와 슬라이싱 작업

2 블록(기둥) 및 기타 부품 3D 프린팅 작업

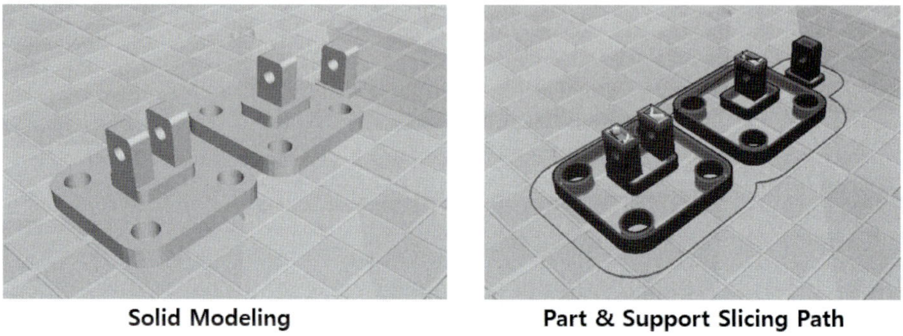

■ 그림 4.13 기타 부품 솔리드 모델링 데이터와 슬라이싱 작업

■ 그림 4.14 3D 프린팅 작업

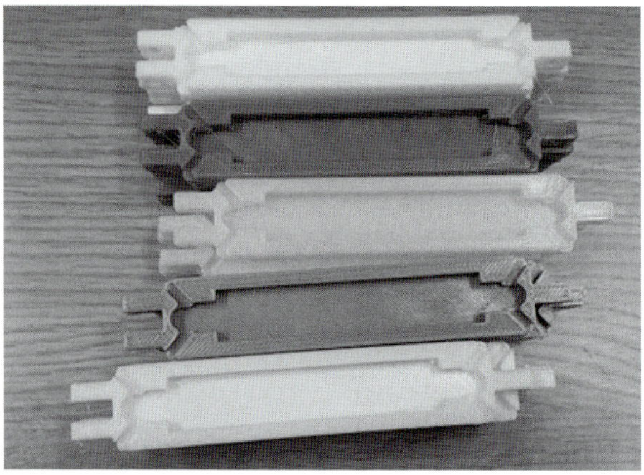

■ 그림 4.15 3D 프린팅 결과물

3 LED 스텐드 조립

Step 1

컨버터 장착

- 나무 하판에 컨버터를 장착 시킨다.
- 하판에 구멍 가공이 되어 있기 때문에 조립하기 쉽다.

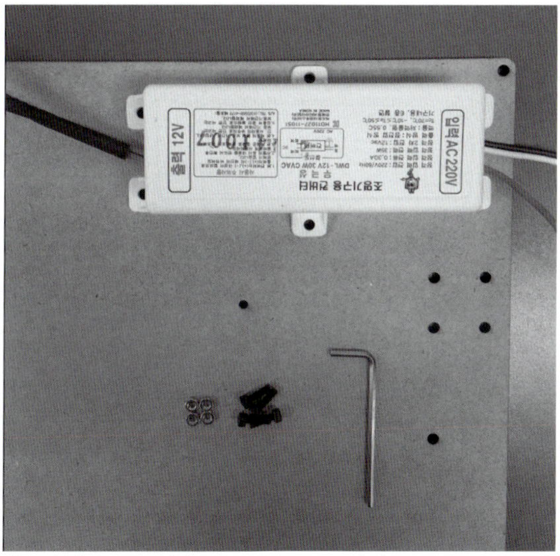

Step 2

컨버터 배선 연결

- 나무 하판에 배선 결합을 시킨다.
- 나무하판에 컨버터와 커넥터를 연결시켜 준다.
- 커넥터 가운데 부분에 나무 피스를 이용하여 고정시켜준다.

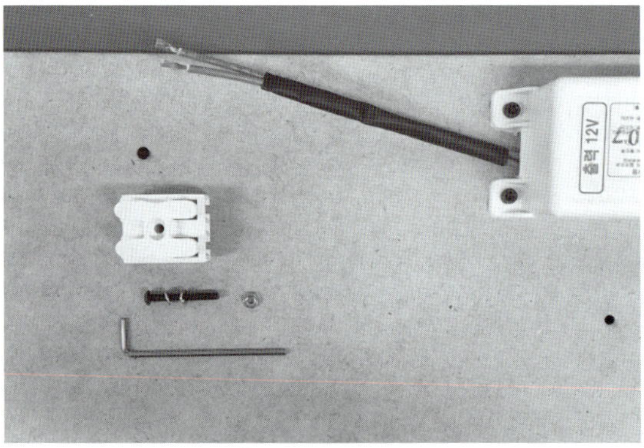

Step 3

컨버터 연결

배선결선 방법은 +,- 순서가 바뀌어도 무관하다.

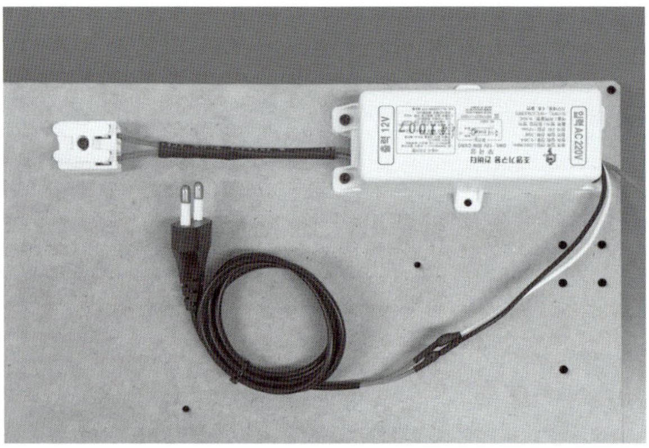

Step 4

재료 고정구

- 3D 프린팅된 부품을 고정할수 있도록 고정구를 나무하판에 장착한다.
- 평와샤를 채결후 조여주어야 다시 풀리지 않는다.

Step 5

스탠드 고정구

고정구를 고정하였다면, 3D 프린터로 출력한 출력물을 M3 볼트를 이용하여 조립하여 준다.

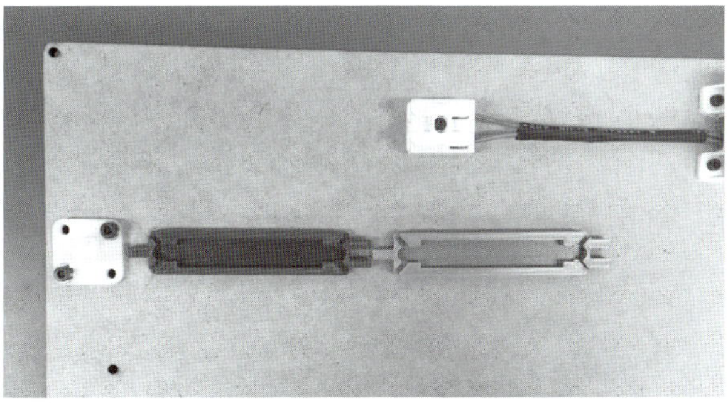

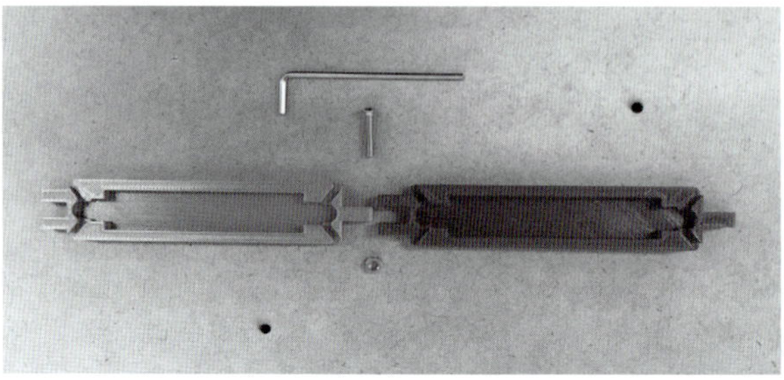

Step 6

LED 배선 연결

- 커넥터와 LED 등 배선을 연결하여 준다.
- 배선결선 방법은 +, - 순서가 바뀌어도 무관하다.

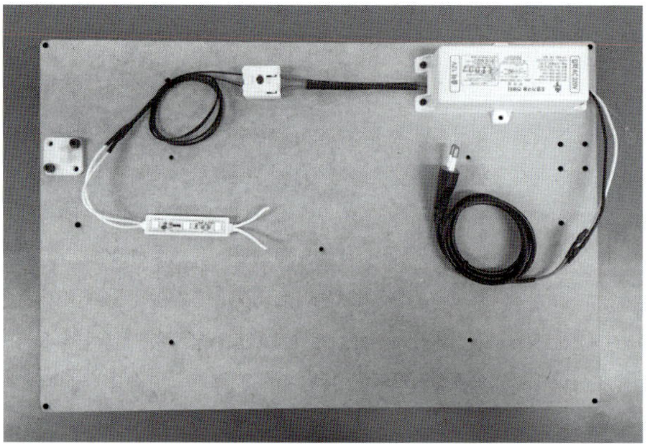

Step 7

전기 스탠드 완성품

- 전기 스텐드 완성품
- LED등은 배선정리를 하여 자기가 원하는 위치에 달수 있다.

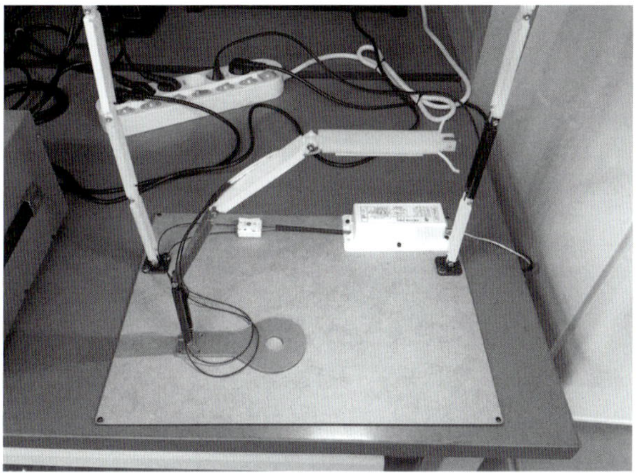

학습 학습자들과 협업하여 변형된 형상 코딩과 3D 프린팅 슬라이싱 작업하기

1 2차원 단면 도형 연필로 그리기

2 입체형상 그리고 치수 쓰기

Chapter

05

조립식 건축모형 제작

01 개요

♫내가 커서 아빠처럼 어른이 되면 우리 집은 내손으로 지을 거 에요 돌도 담도 쌓지 않은 그림 같은 집....언제라도 우리집에 놀러오세요♫ 많은 어린이들이 지금 부르고 있고 또 많은 어른들이 어려서 막연히 불러왔던 우리에게 친숙한 동요이다.

"집(House)"은 이처럼 나이와 성별 그리고 전공에 상관없이 우리에게 친숙한 대표적 건축물로써 모든 사람들은 한번쯤은 "내 집" 또는 "나만의 집"이라고 하는 생각을 해 보았을 것이다.

어려서든 아니면 어른이 되어서든 한번쯤은 "내 집"을 상상해 보고 그려보았을 것이다. 하지만 그림이 아닌 공간을 형성하는 건축 형태로서의 내가 생각하는 집을 어떠한 형태로든 만들어 본 사람은 매우 소수에 지나지 않을 거라 생각한다. 집이라는 것을 만들어보기 위해 "무엇부터 시작해야 하며, 어떻게 만들어야 할지 그리고 내가 생각하는 것이 정말 집으로 기능을 할 수 있을지..." 알아야 할 것들이 많고 그래서 막연히 "건축은 어렵다"라는 생각을 하게 될 것이다.

여기서, 집을 구성하고 공간을 구획하는 기본 요소를 익히고, 3D프린터를 활용하여 손쉽게 각 요소를 모형화 하고, 이들을 조립해 봄으로서 단순하지만 막연한 상상을 구체화 시켜보는 경험을 해보고자 한다.

집이 될 수 있을까?

- 이 집에 사람이 살 수 있을까?
- 사람이 사는 집이 되려면 무엇이 필요할까?
- 이 그림 속에 사람이 살 수 있게 하는 사람은?

02 집을 만드는 요소

1 상상하기

X-Ray 손

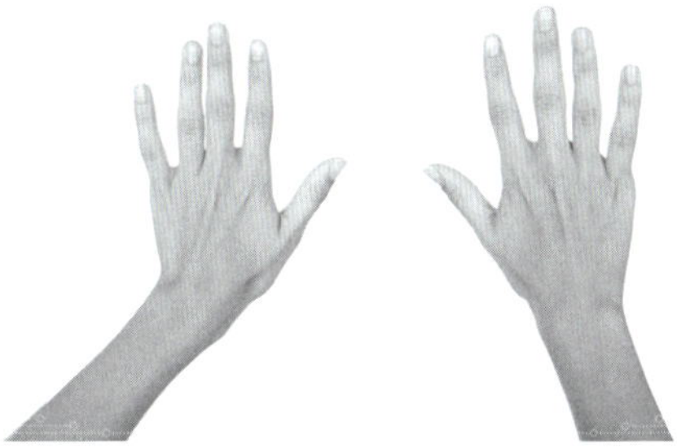

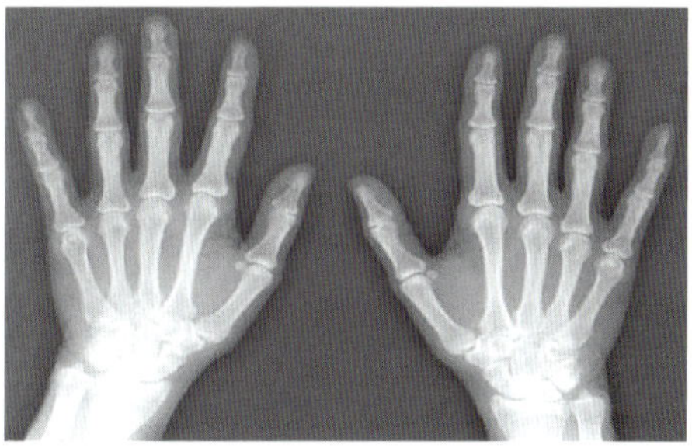

손의 X-Ray사진을 보면 손의 구조를 잘 볼 수 있습니다. 손의 기능은 구조(뼈)를 통해 가능하다.

X-Ray 집

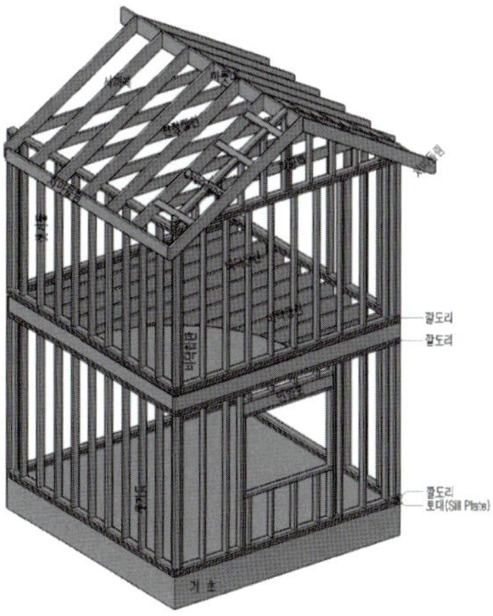

집의 기능은 구조를 통해 가능하다.

2 기초이해하기

모든 나무는 땅에 뿌리를 내리고 서 있다.　모든 집은 땅에 기초를 박고 서 있다.

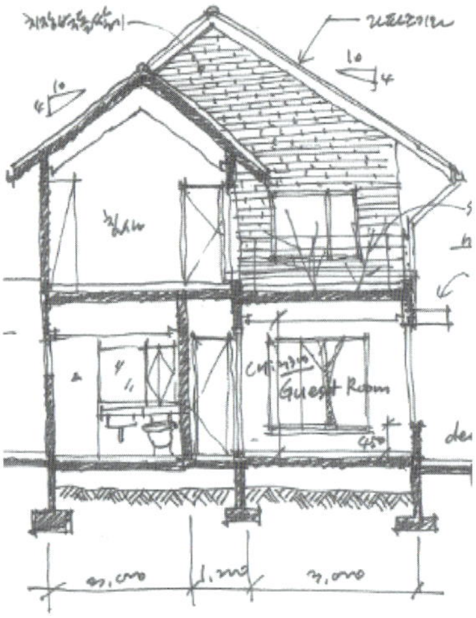

기초의 종류

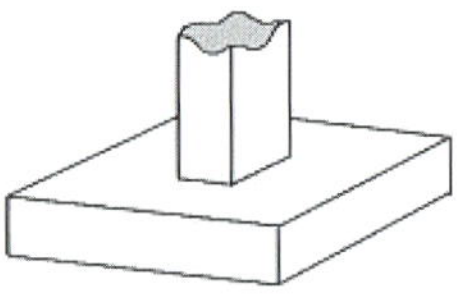

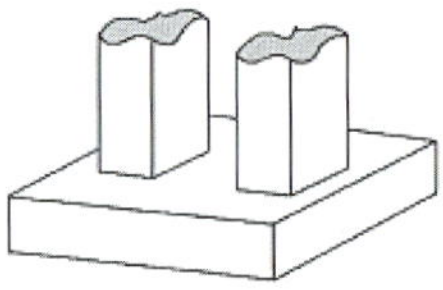

(　　　　)　(　　　　)

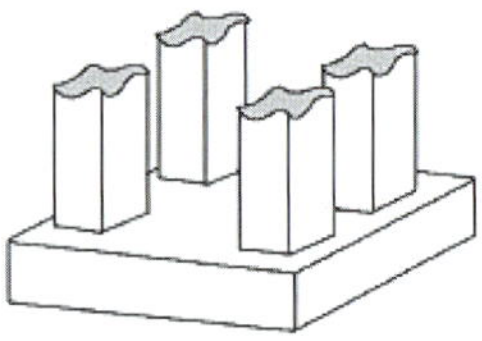

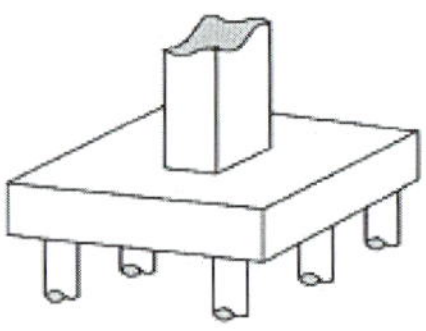

(　　　　)　(　　　　)

건축 기초란 무엇인가?　　내 집을 지을 때 사용하고 싶은 기초 방법은?

3 기둥 이해하기

뿌리만 튼튼해서 나무가 서있을 수 있을까? Yes ( ) No ( )

기둥은 건물의 무게를 받아 기초로 전달하는 구조물이며 동시에 공간을 형성하는 기본 뼈대가 된다.

4 보와 벽 이해하기

- 보: 건물의 무게(슬라브, 지붕 등)를 받아 기둥으로 힘들 전달하는 건축구조부재.
- 벽: 건물이나 방을 둘러싸고 있는 건축부재. 구조방식에 따라 힘들 전달 할 수도, 하지 않을 수 있다.

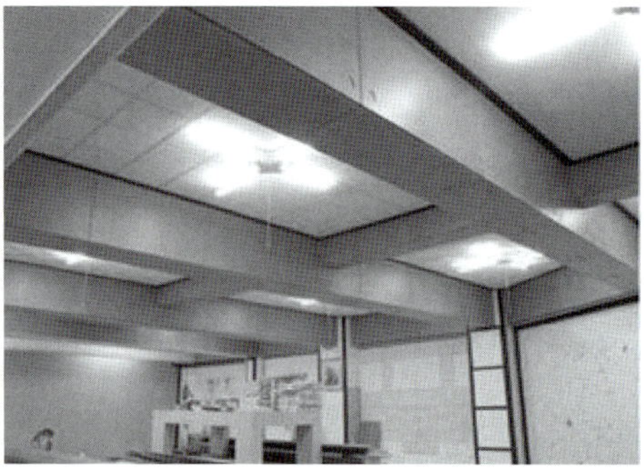

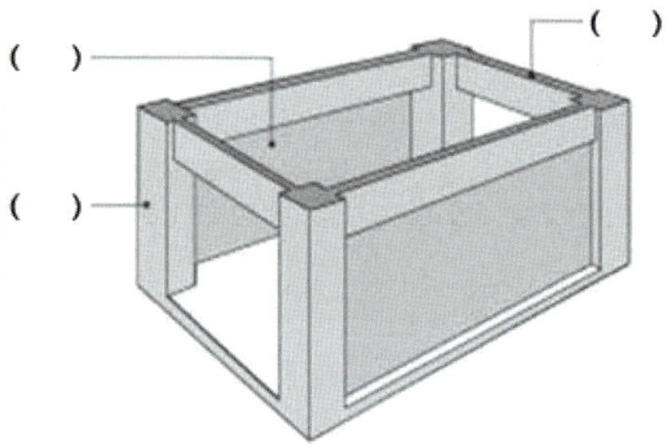

5 지붕 이해하기

건물의 최상부에 설치하는 덮개 또는 구조를 말하는데, 외부에 면해 있으므로 의장적으로 중요한 요소이며, 그 형상이나 마감재료는 건축물 외모에 큰 영향을 미친다.

지붕의 종류를 알아보자.

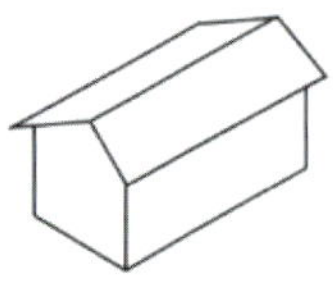
박공지붕

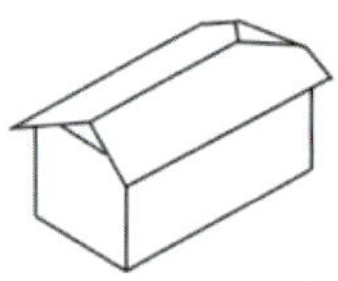
반박공지붕

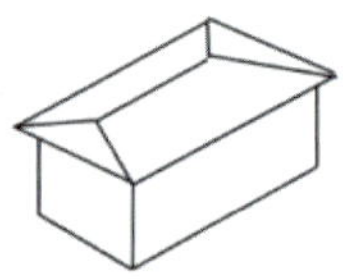
모임지붕

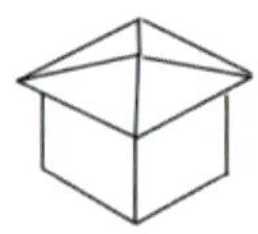
방형지붕

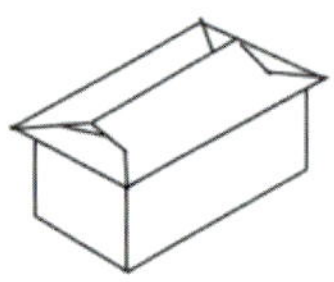
합각지붕

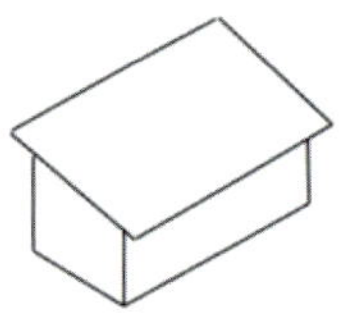
외쪽지붕

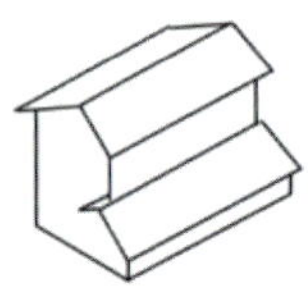
박공지붕

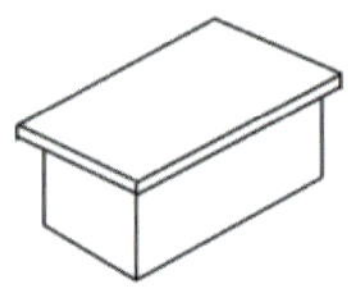
평지붕

03 건축부재 모델링

여기서는 아래 그림과 같이 건축의 구조를 기반으로 한 기본적인 주택을 3D프린터로 만드는 실습을 하게 된다. 주요 구성요소는 기초, 바닥슬래브, 기둥, 보, 벽체, 지붕으로 구성되어 있다. 실습 단계는 아래와 같다.

Step 1

3D 프린팅을 위해 각 건축 구성요소를 스케치업(SketchUp)프로그램을 통해 3차원 모델링을 한다.

Step 2

3차원 모델링 데이터를 3D 프린팅을 위한 STL 파일로 변환한다

Step 3

슬라이스 프로그램(Cura)을 활용하여 STL파일로 변환한 모델링 데이터를 3D 프린팅을 위한 설정을 해준다.

Step 4

프린팅이 완료된 각 구성요소를 조립하여 주택 완성!!!

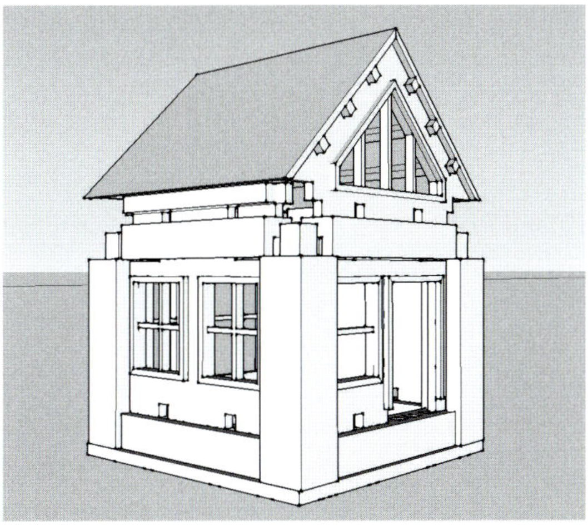

1 기둥 만들기

아래 그림을 보고 주어진 치수에 맞게 모델링을 한다.

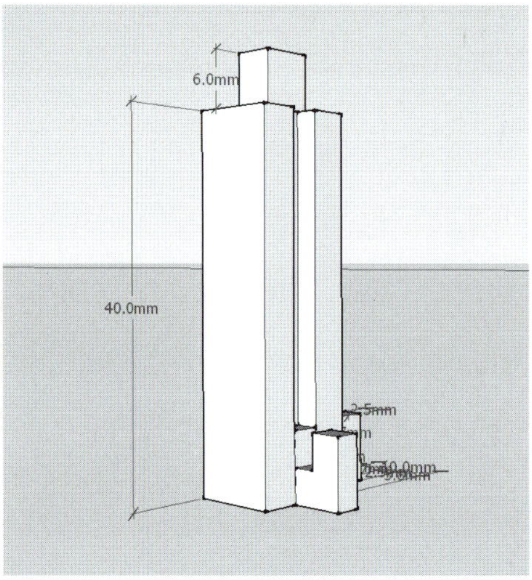

기둥의 형태

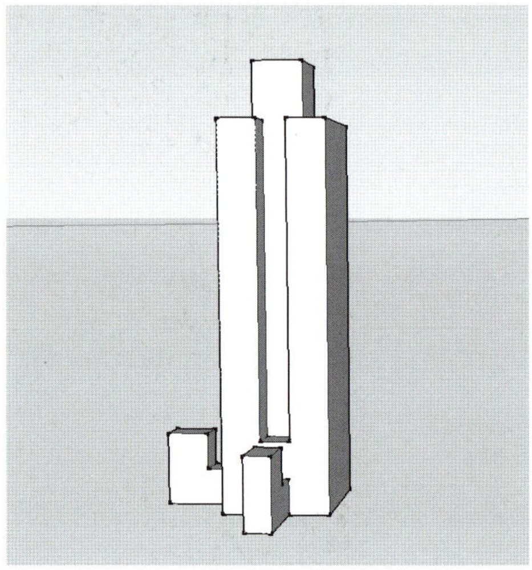

기둥의 입면 치수

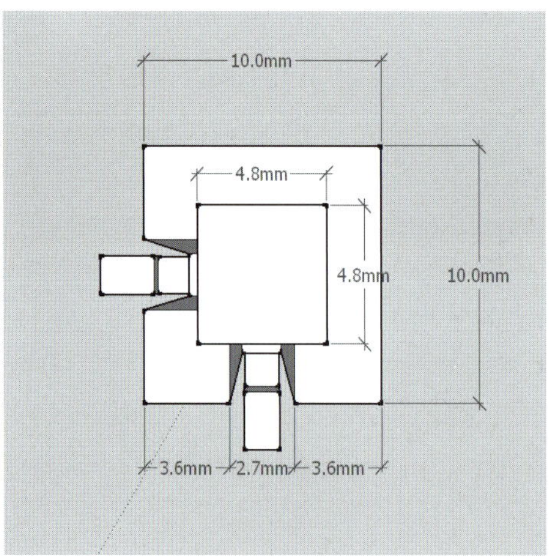

기둥 평면 치수

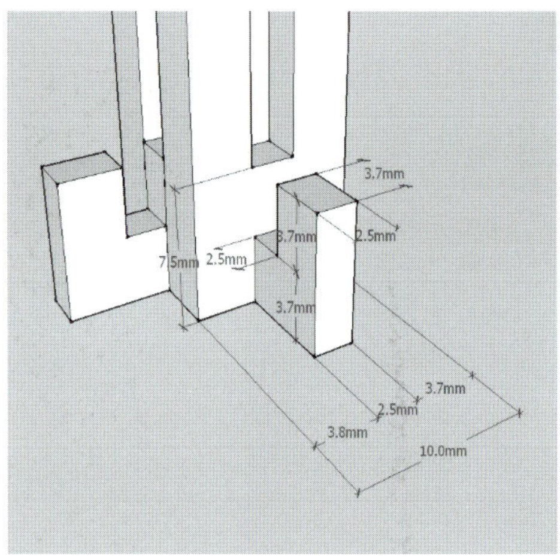

주요부분 상세 치수

2 건물 기초 만들기

아래 그림을 보고 주어진 치수에 맞게 모델링을 한다.

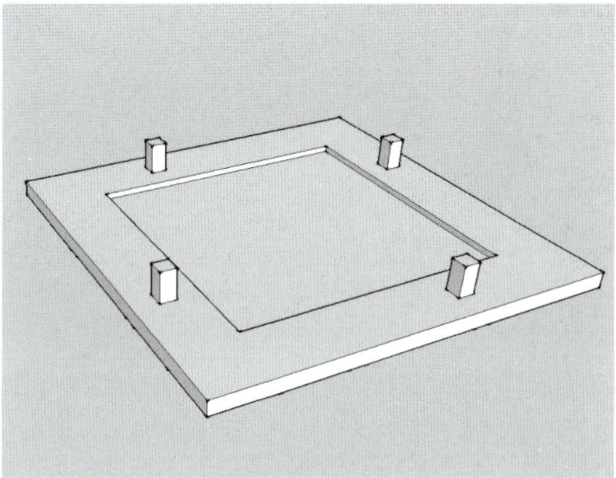

건물 기초 형태

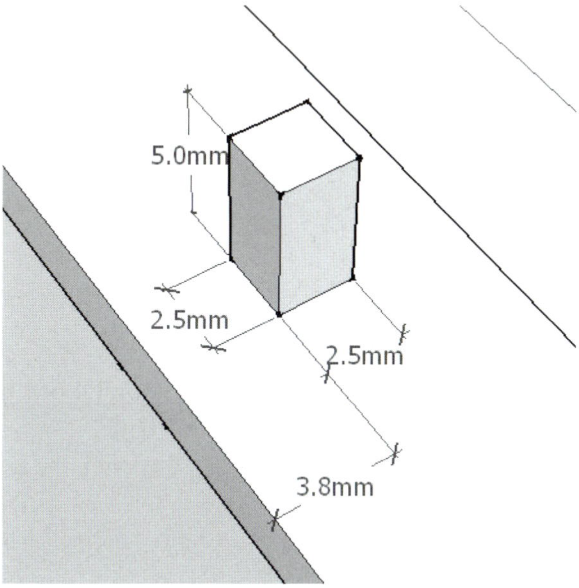

주요부분 상세 치수

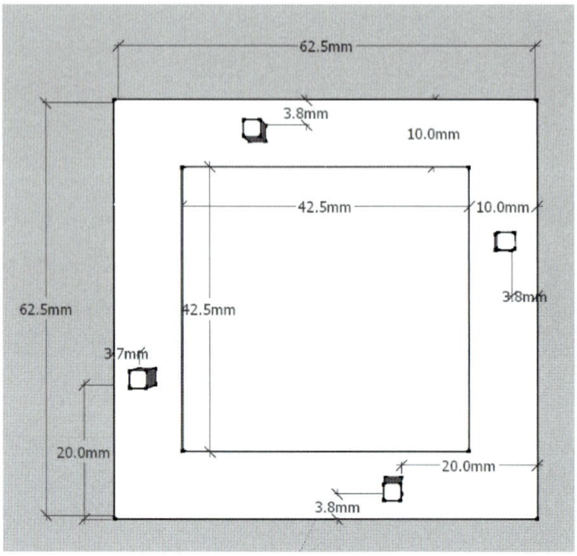

기둥 평면 치수

3 바닥 슬래브

아래 그림을 보고 주어진 치수에 맞게 모델링을 한다.

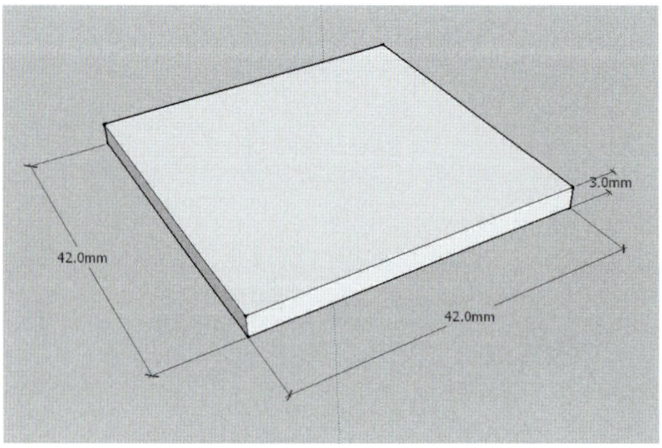

바닥 슬래브 형태 및 치수

조립도

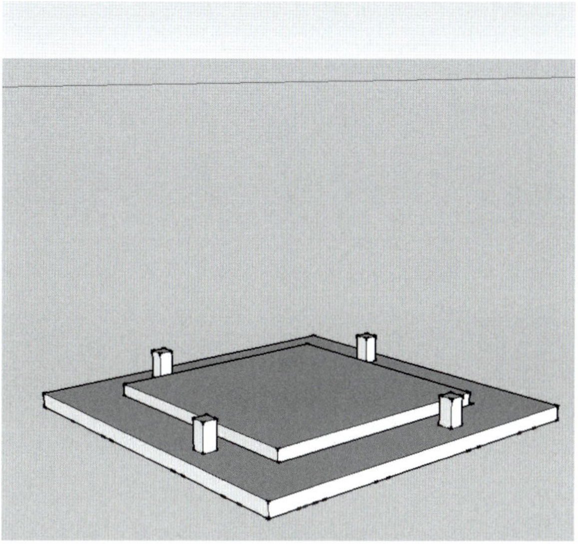

기초 + 바닥슬래브

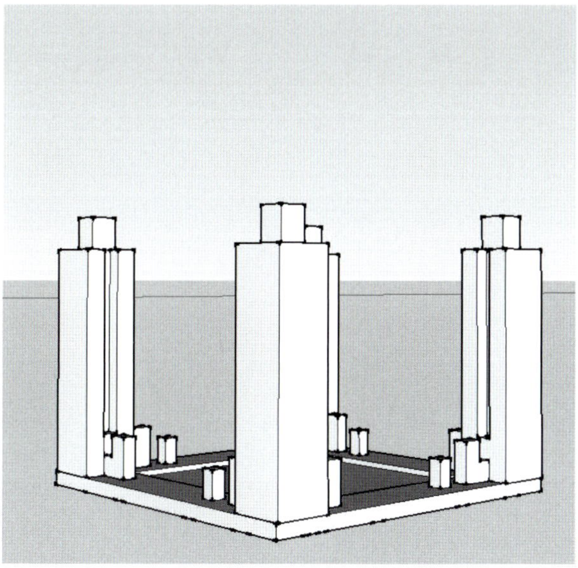

기초 + 바닥슬래브 + 기둥

4 보 만들기

아래 그림을 보고 주어진 치수에 맞게 모델링을 한다.

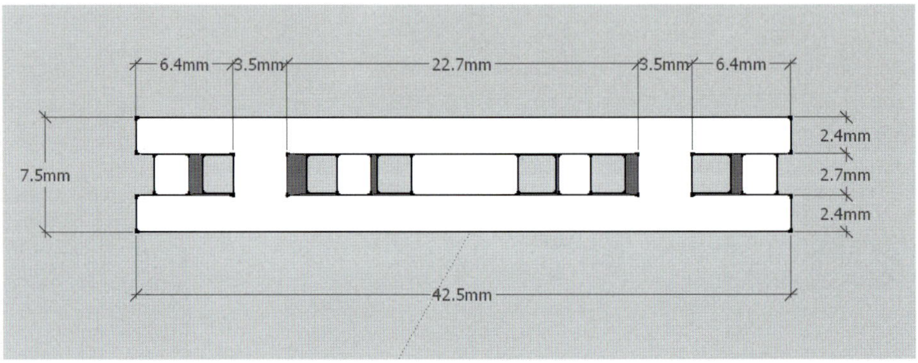

보 평면치수

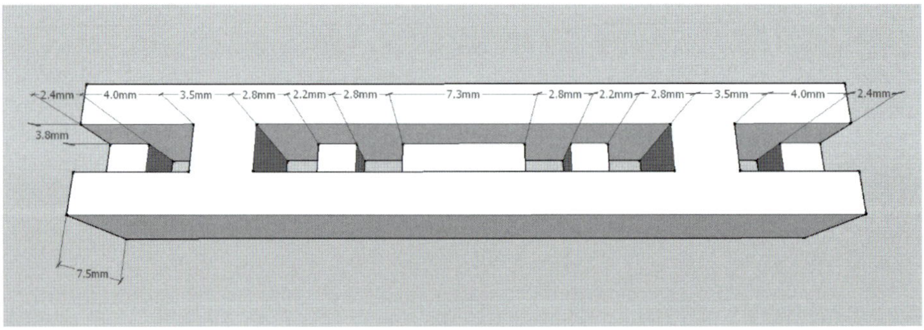

보 상세치수 01

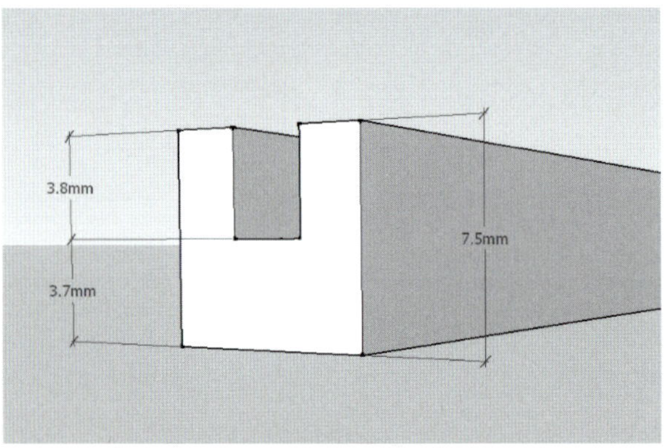

보 상세치수 02

5 벽체 만들기

아래 그림을 보고 주어진 치수에 맞게 모델링을 한다.

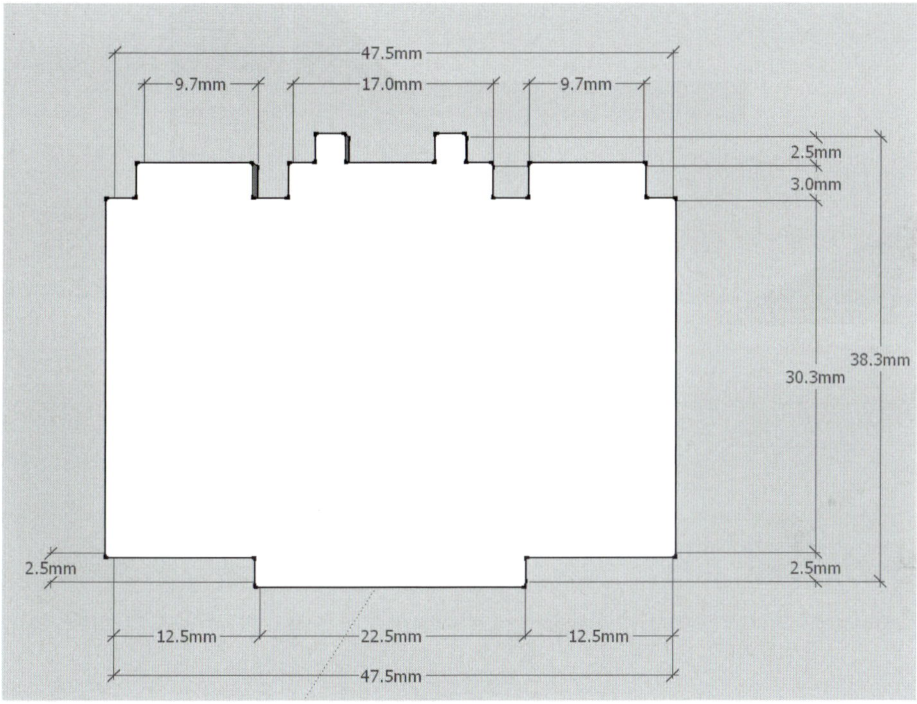

벽체 평면 치수

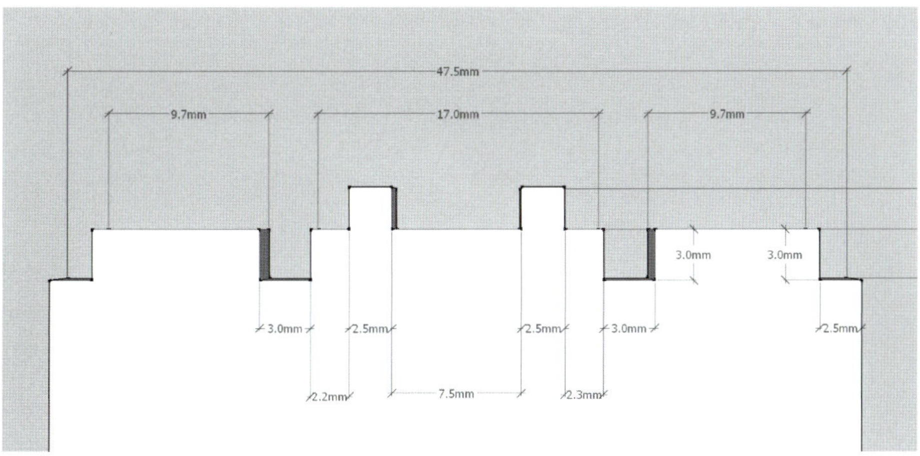

벽체 상세치수 01

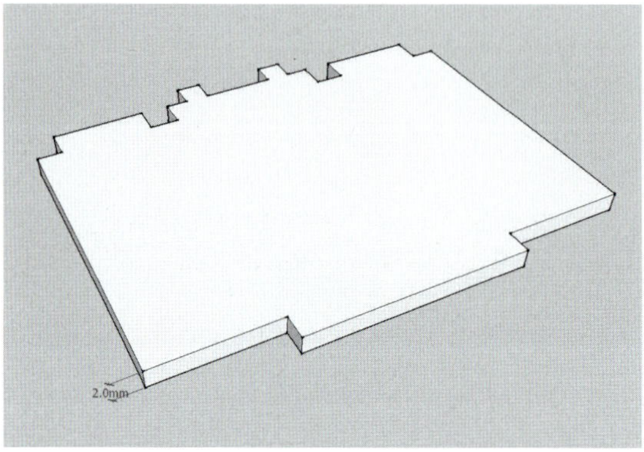

벽체 형태 및 상세치수 02

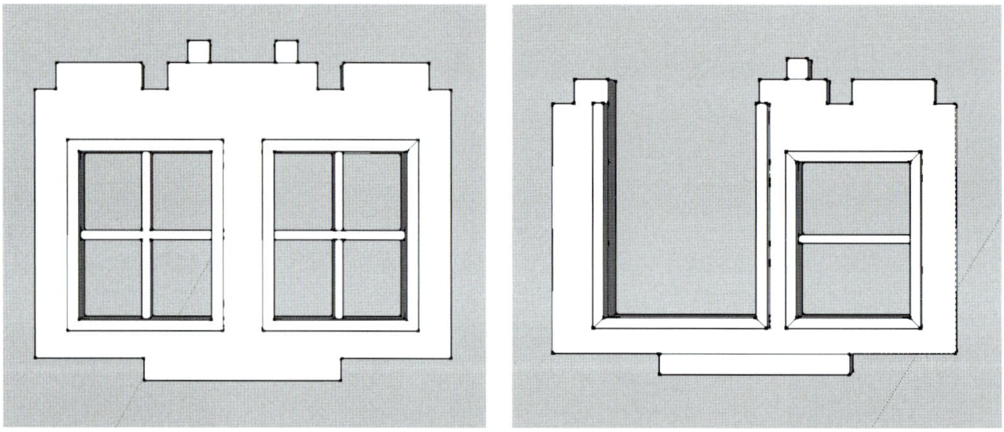

벽체 자유 디자인 – 창호 & 문

조립도

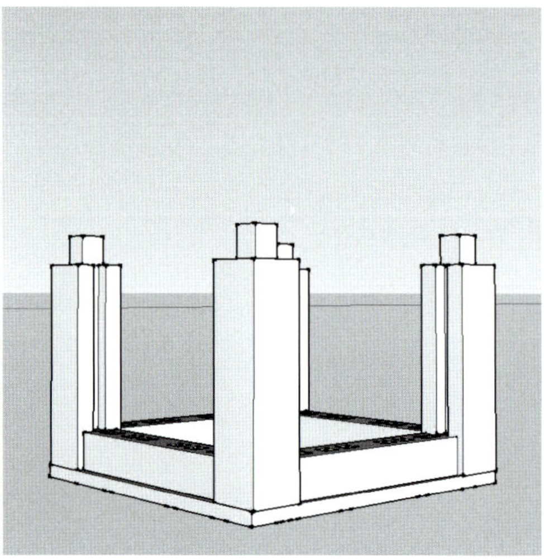

기초 + 바닥슬래브 + 기둥 + 보

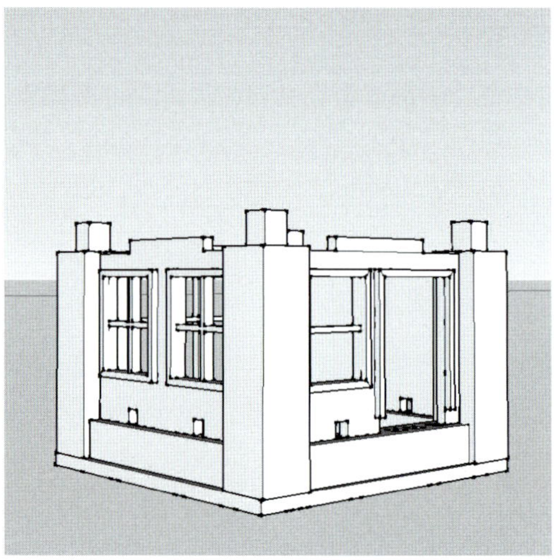

기초 + 바닥슬래브 + 둥 + 보 + 벽체

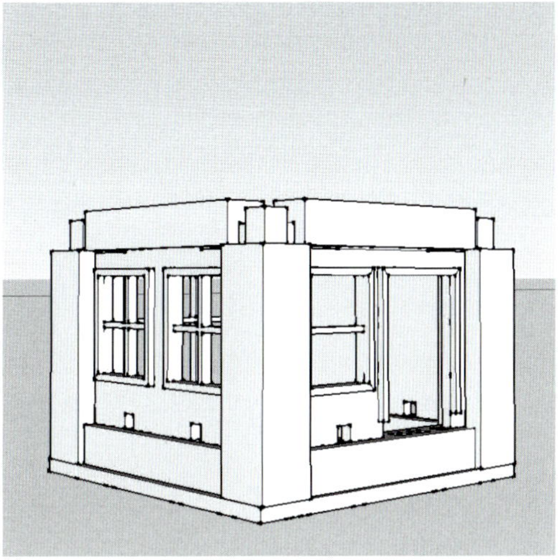

기초 + 바닥슬래브 + 기둥 + 보 + 벽체 + 보

6 지붕벽체 만들기

아래 그림을 보고 주어진 치수에 맞게 모델링을 한다.

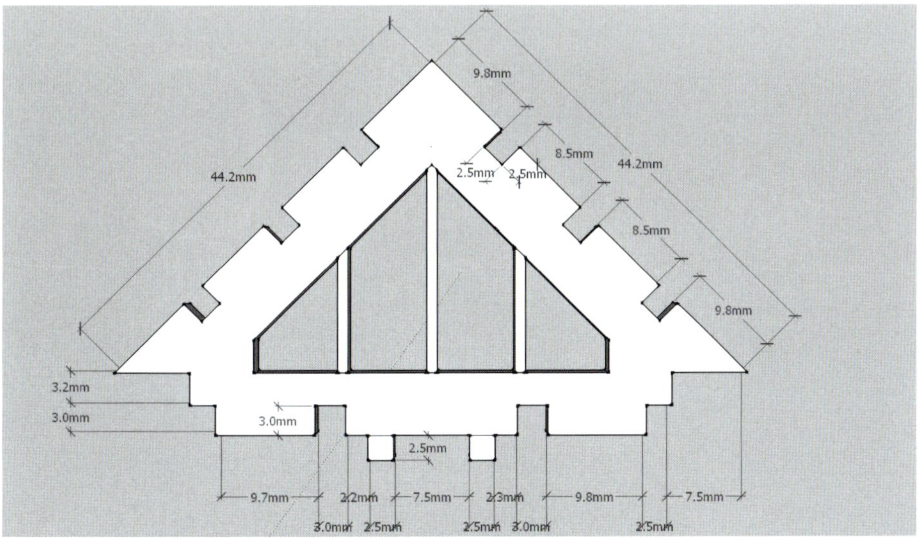

지붕 벽체 평면치수

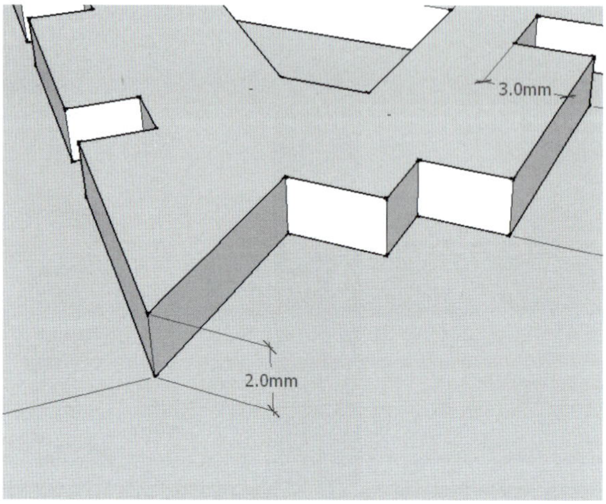

지붕 벽체 상세 치수

7 지붕 만들기

아래 그림을 보고 주어진 치수에 맞게 모델링을 한다.

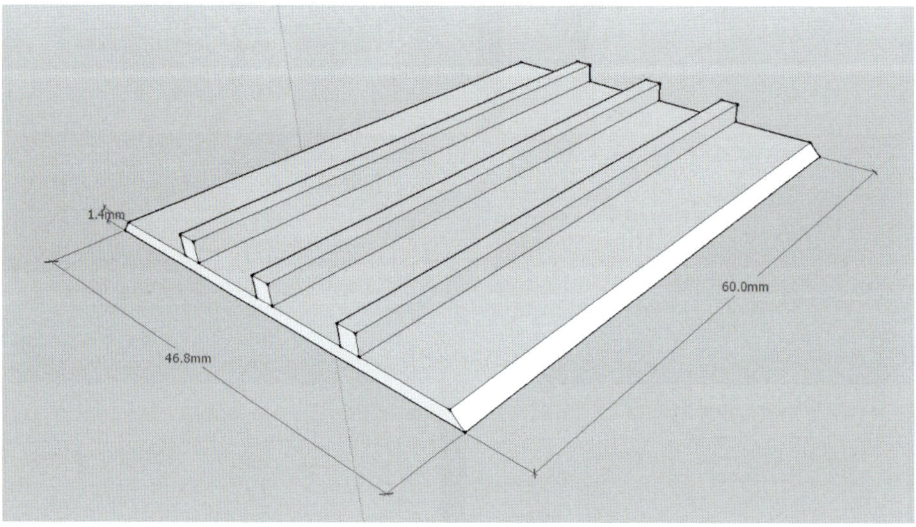

지붕 형태 및 치수

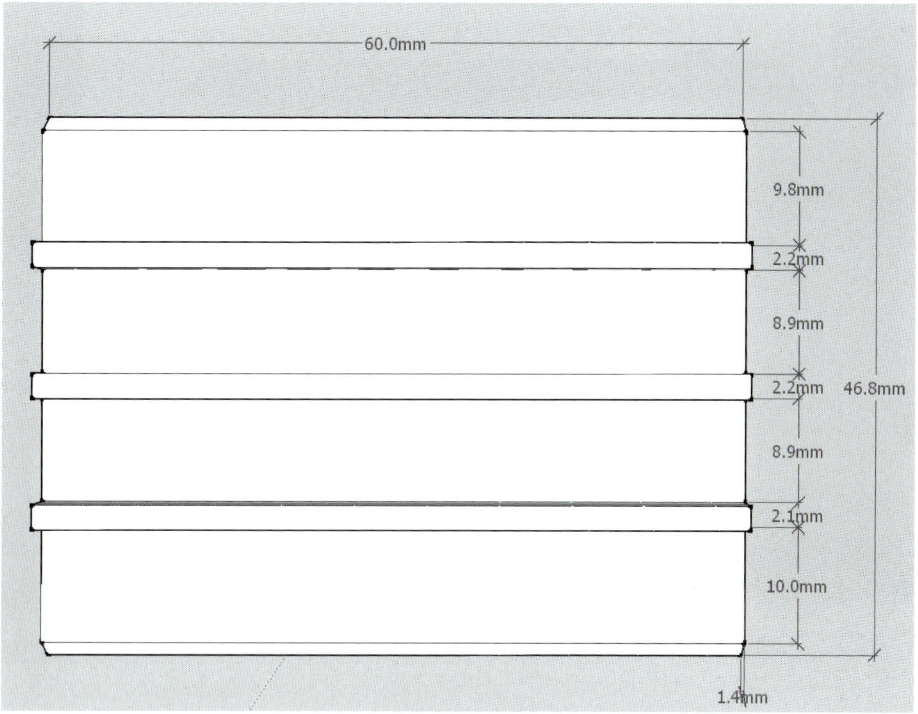

지붕 평면 치수

조립도

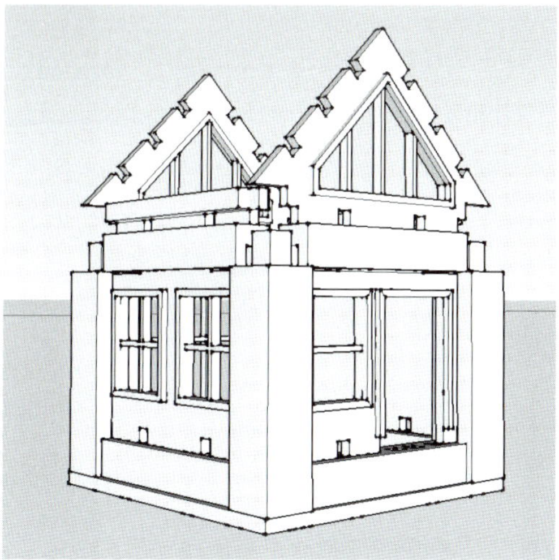

기초 + 바닥슬래브 + 기둥 + 보 + 벽체 +
보 + 지붕벽체

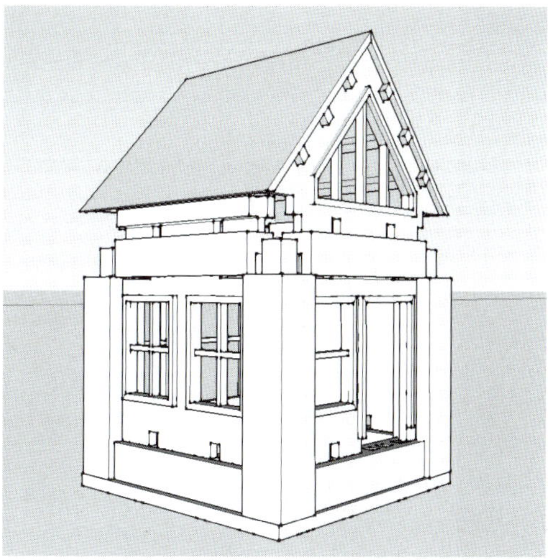

기초 + 바닥슬래브 + 기둥 + 보 + 벽체 +
보 + 지붕벽체 + 지붕 (완성)

8 스케치업 프로그램을 이용한 STL 파일 만들기

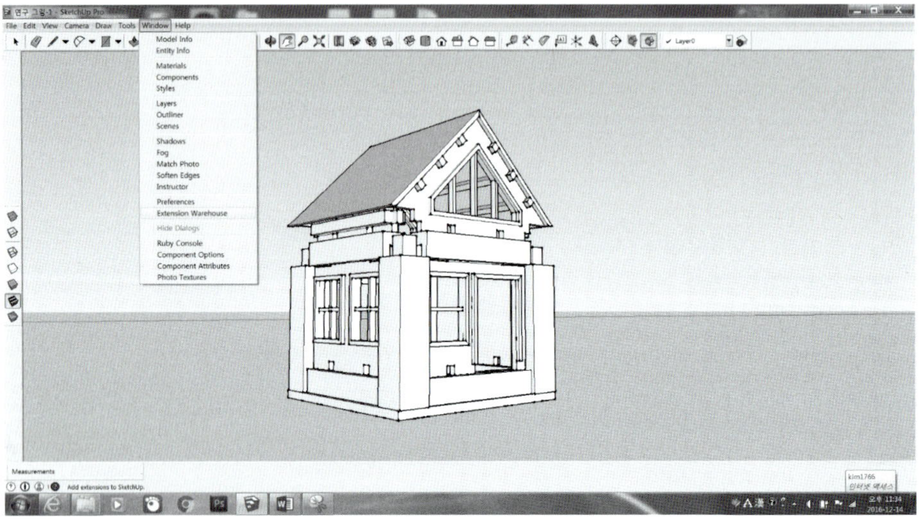

① 모델링을 완성한 후 3D 프린팅을 하기 위해 모델링데이터를 stl 파일로 변환시켜야 하며, 이를 위해 Sktetchup 프로그램에 STL파일을 만들기 위한 STL Export 플러그인을 설치해야 한다.

Sktetchup 프로그램 상단 Window메뉴에서 Extension Warehouse에 접속한다.

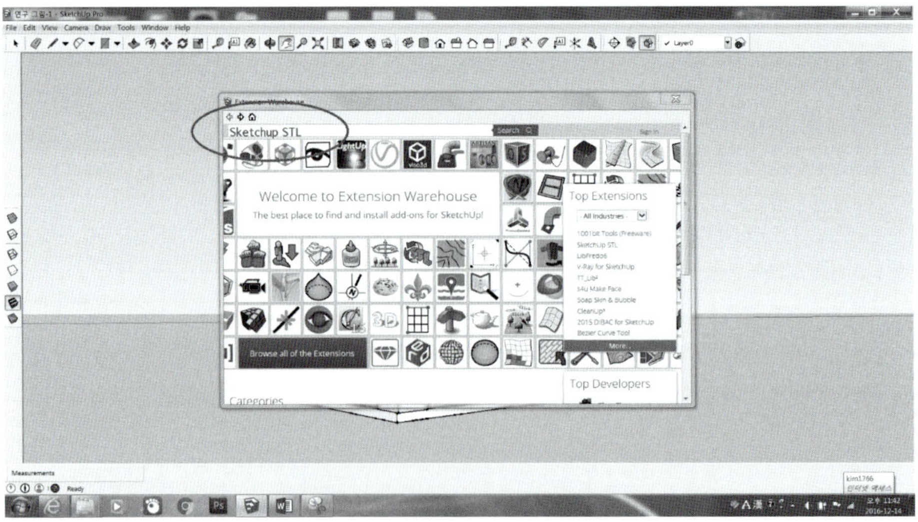

② 검색창에 “Sktetchup STL”을 검색한다.

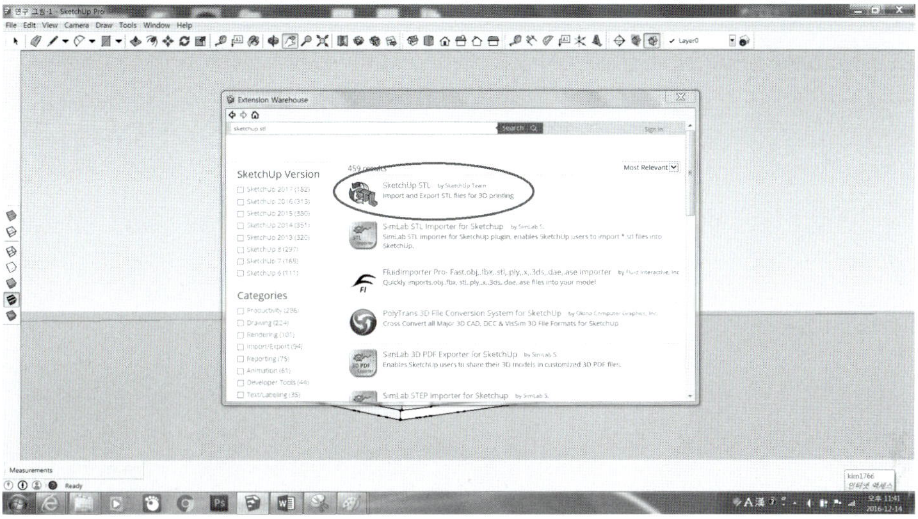

③ 검색하면 위 이미지와 같이 STL관련 플러그인 정보를 볼 수 있다.

검색결과 중 가장 위에 있는 “Sketchup STL” 페이지로 클릭하여 들어간다.

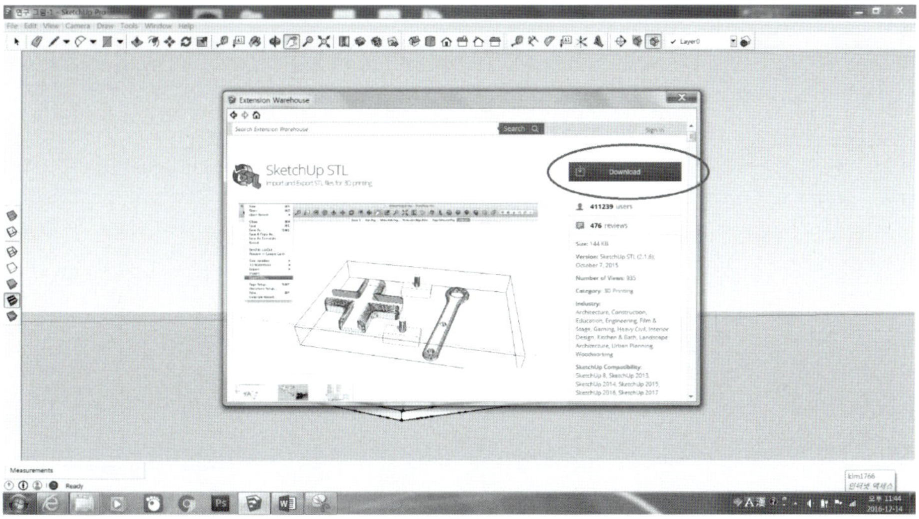

④ 프로그램 다운로드를 위해 "Download"버튼을 클릭한다.

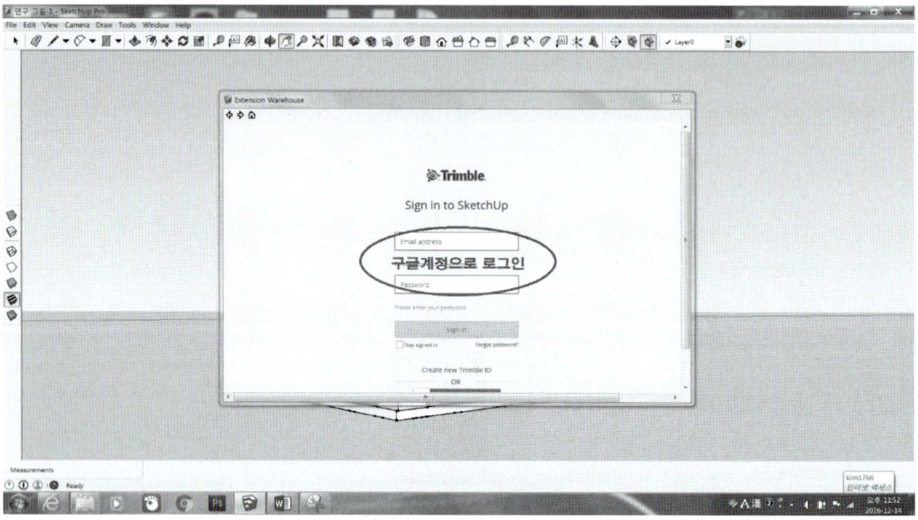

⑤ 다운로드를 위해 반드시 구글계정으로 로그인해야 하며, 다운로드 받은 파일을 인스톨 한다.

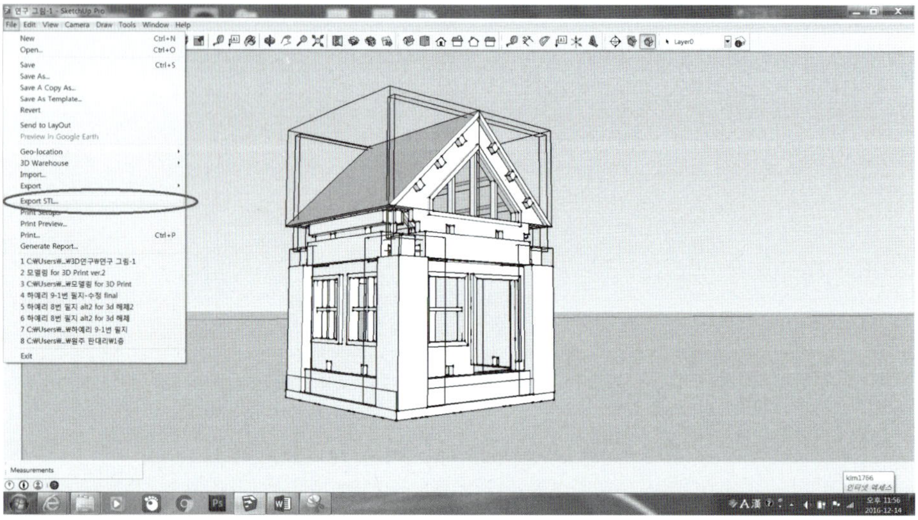

⑥ 플러그인 인스톨 이후 스케치업 상단 메뉴 중 File 메뉴를 보면 "Export STL" 메뉴가 만들어 진 것을 볼 수 있다. STL파일로 변환하고자 하는 모델을 선택한 후 "Export STL" 메뉴를 클릭한다.

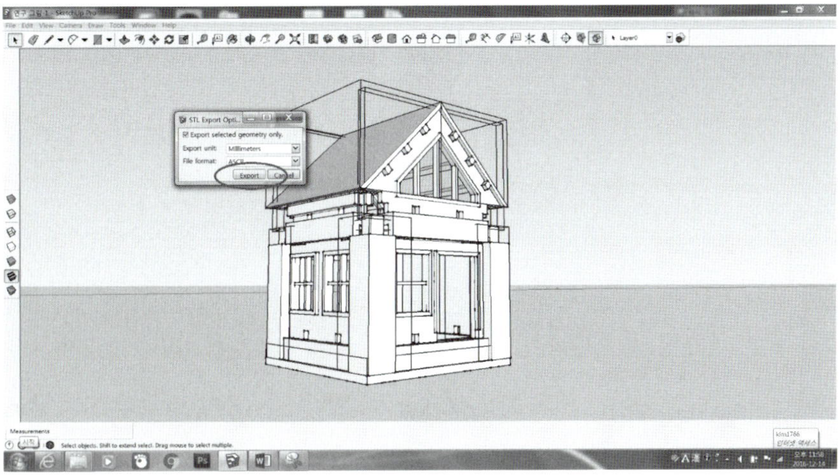

⑦ 화면에 나타난 옵션창의 "Export"버튼을 클릭한 후 변환된 STL파일을 저장할 위치를 선택해 준다.

9 슬라이서 프로그램(Cura) 설정

스케치업 프로그램을 통해 모델링된 데이터를 STL화일로 변환 한 후 본격적인 3D 프린팅을 위한 작업이 요구된다. 3D 프린팅을 위해서는 모델링 데이터를 얇은 층으로 슬라이스 가공을 해야 하는데(아래그림 참조), 주로 Cura를 이용한다.

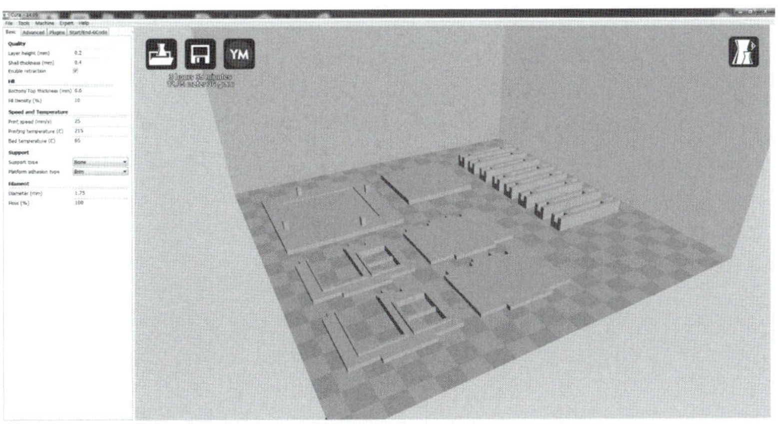

STL파일로 변환시 사용하게 될 3D프린터 작업범위에 맞춰 모델링 데이터들을 정리하는 작업이 필요하다. 위 그림에서와 같이 STL 파일을 Cura이용해 데이터 로딩을 하게 되면 노란색으로 표시되어야 하며, 이는 데이터가 3D프린터 작업범위 안에 들어온다는 의미이다.

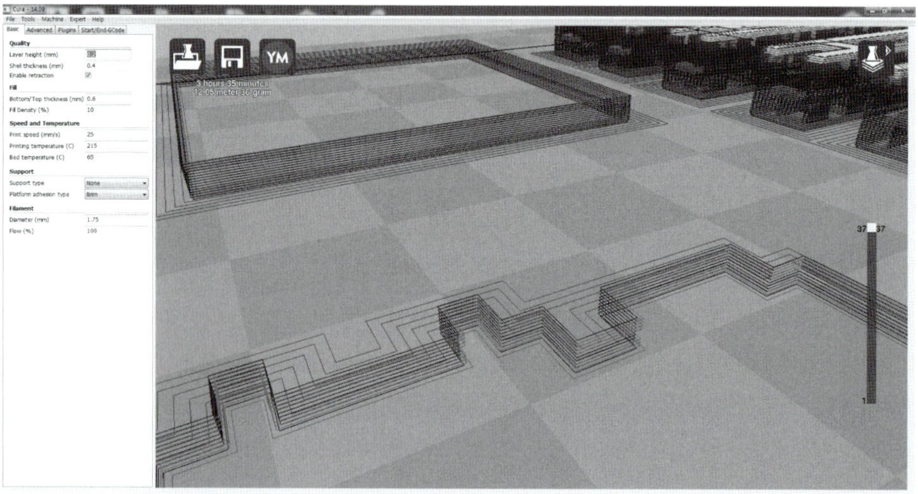

➲ 작업범위를 고려하여 지붕, 지붕벽, 기둥 등을 정리하여 STL파일로 변환

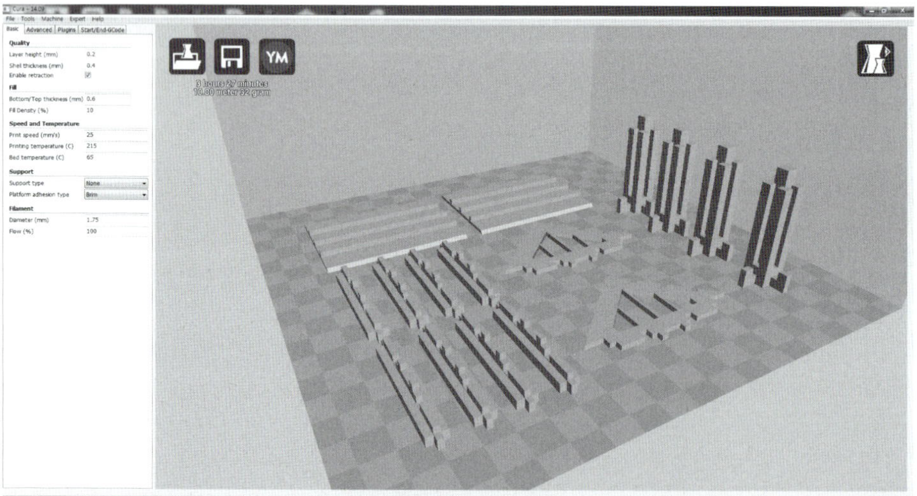

04 3D 프린팅과 조립

➲ Cura를 통해 3D 프린팅을 위한 설정을 완료된 후 프린팅 된 모습

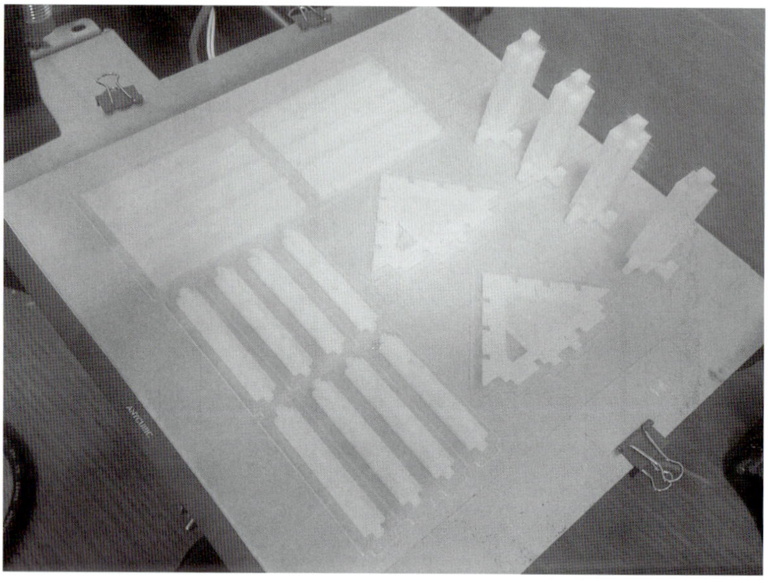

조립과정

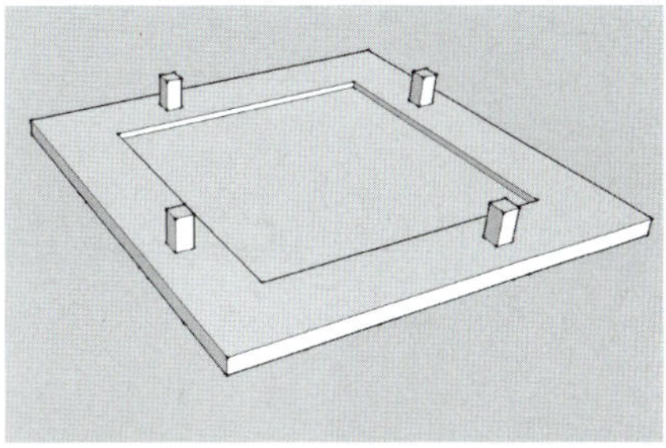

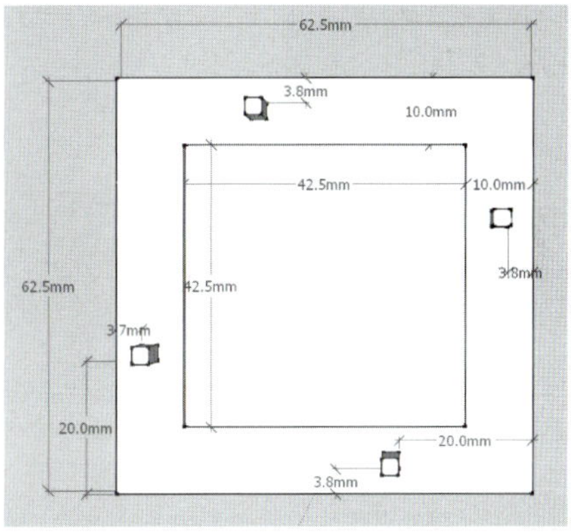

① 기초판

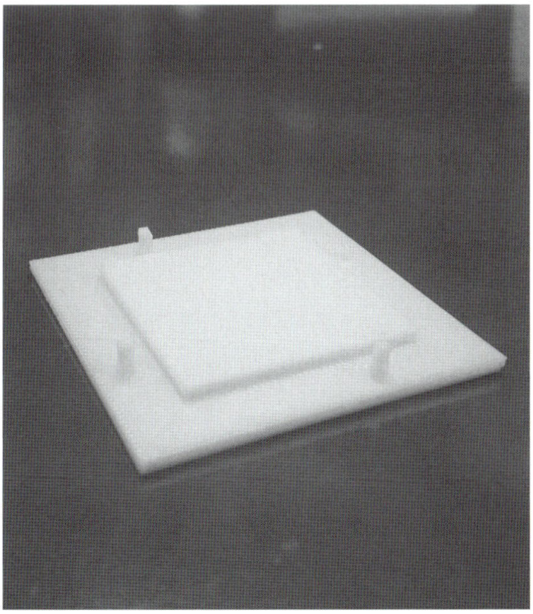

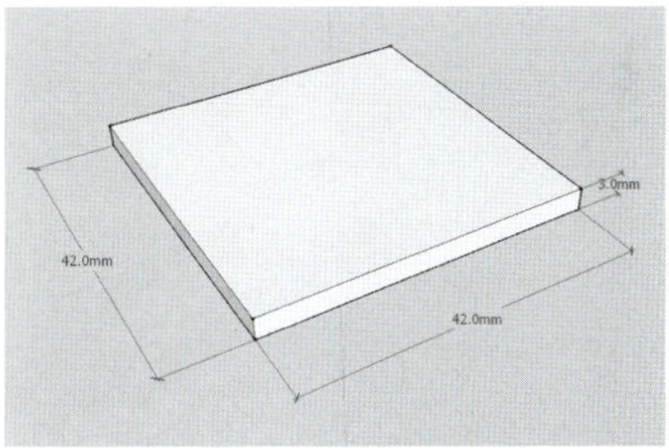

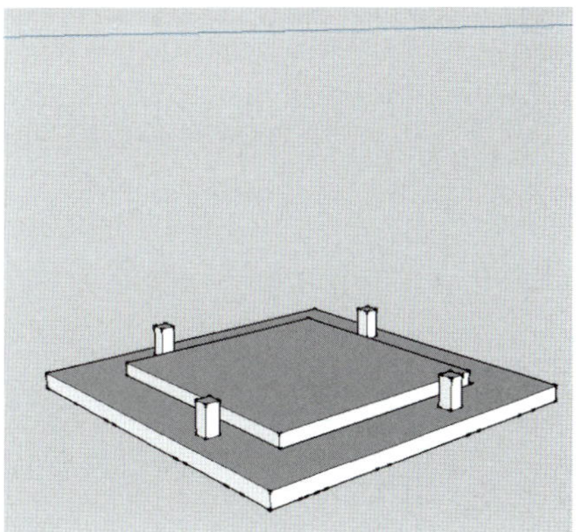

① 기초판 + ② 슬래브

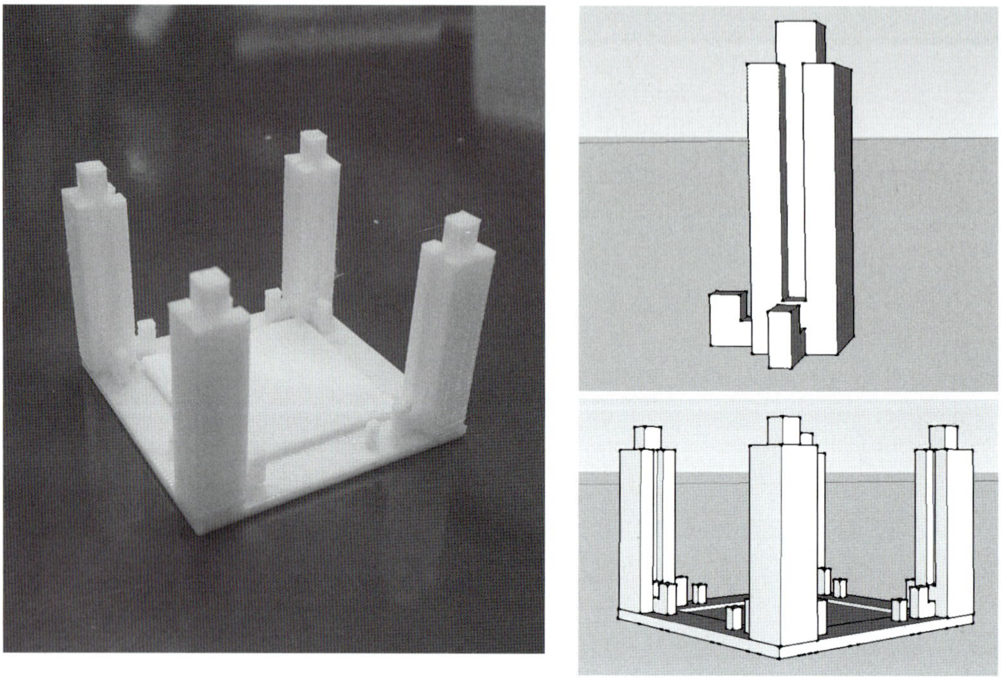

① 기초판 + ② 슬래브 + ③ 기둥

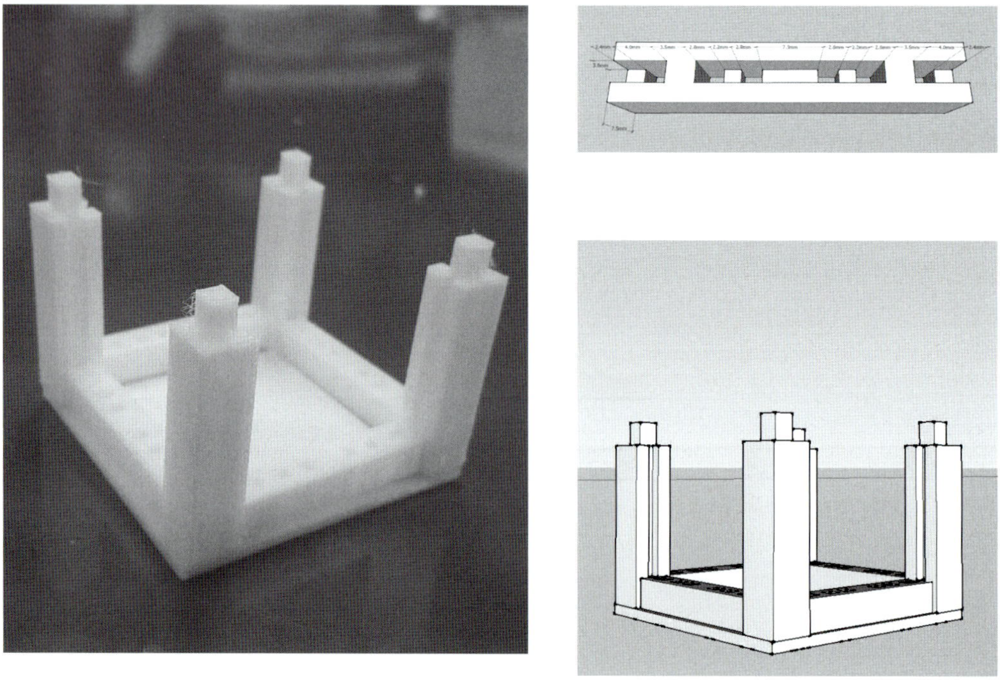

① 기초판 + ② 슬래브 + ③ 기둥 + ④ 바닥보

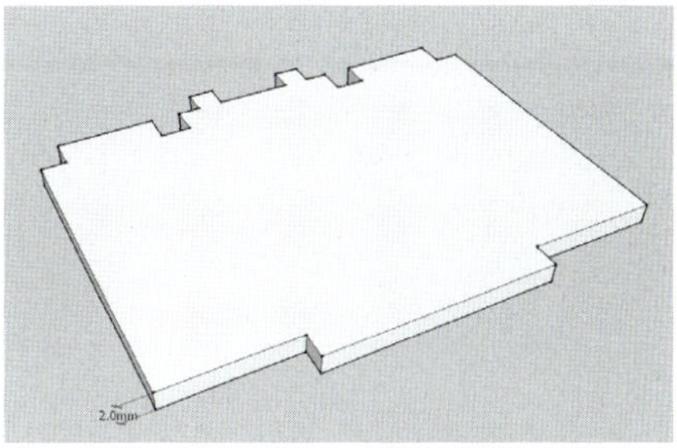

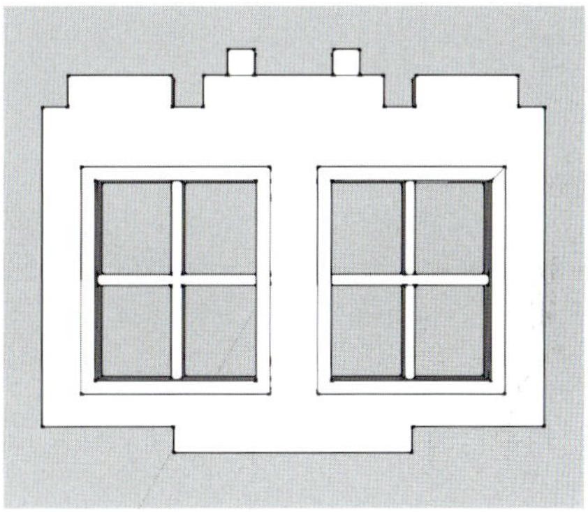

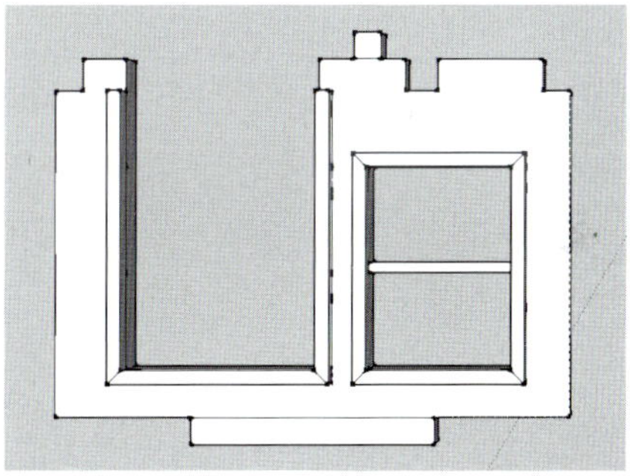

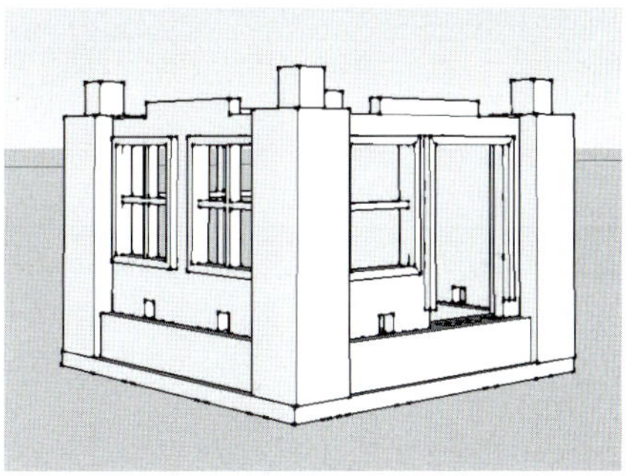

① 기초판 + ② 슬래브 + ③ 기둥 + ④ 바닥보 + ⑤ 벽체

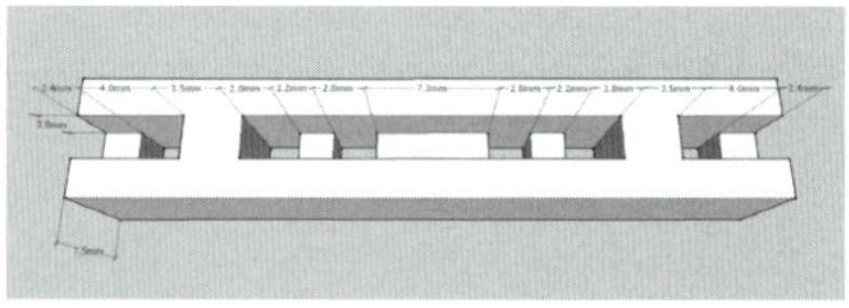

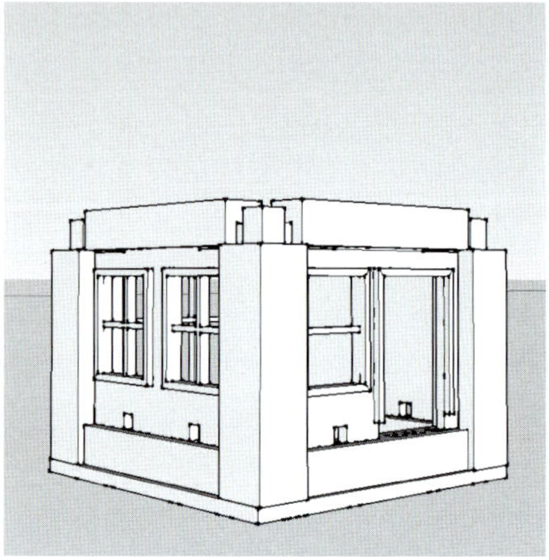

① 기초판 + ② 슬래브 + ③ 기둥 + ④ 바닥보 + ⑤ 벽체 + ⑥ 상부보

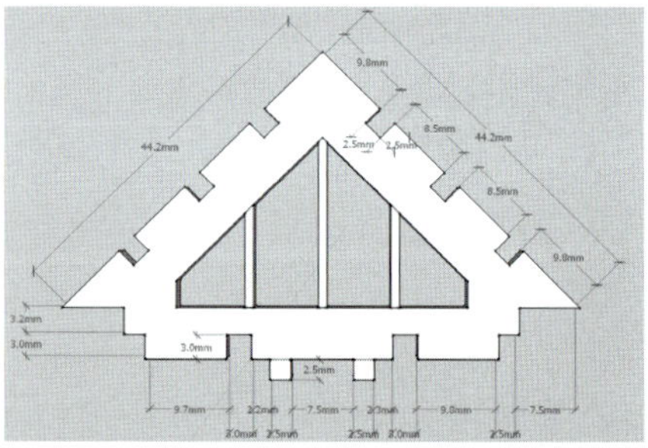

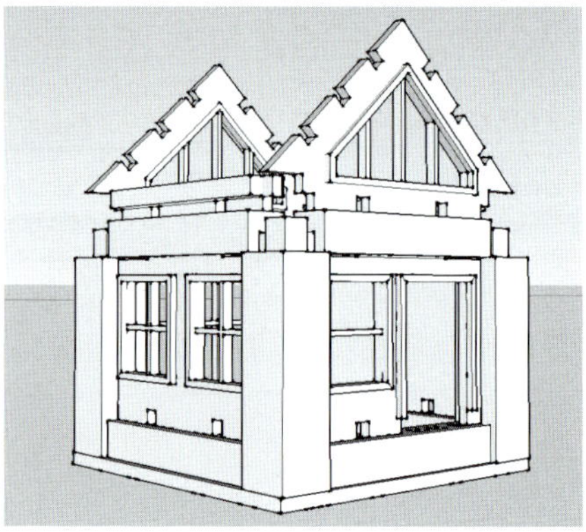

① 기초판 + ② 슬래브 + ③ 기둥 + ④ 바닥보 + ⑤ 벽체 + ⑥ 상부보 + ⑦ 지붕벽체

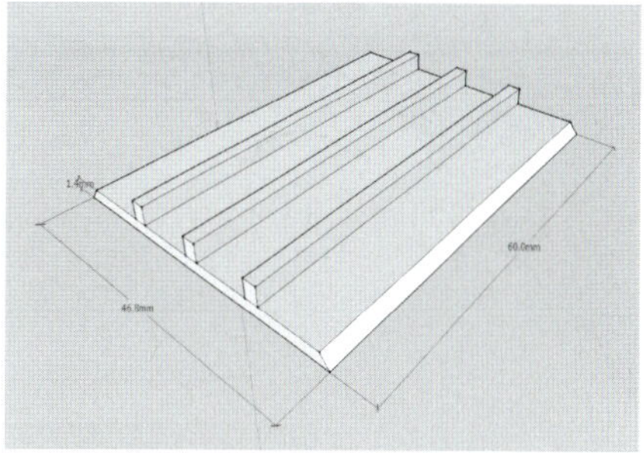

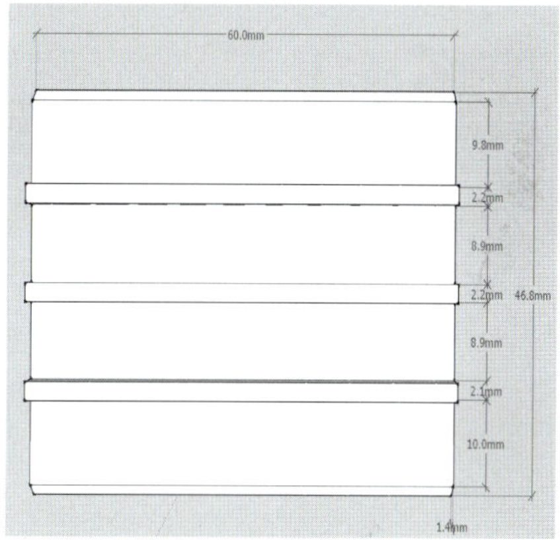

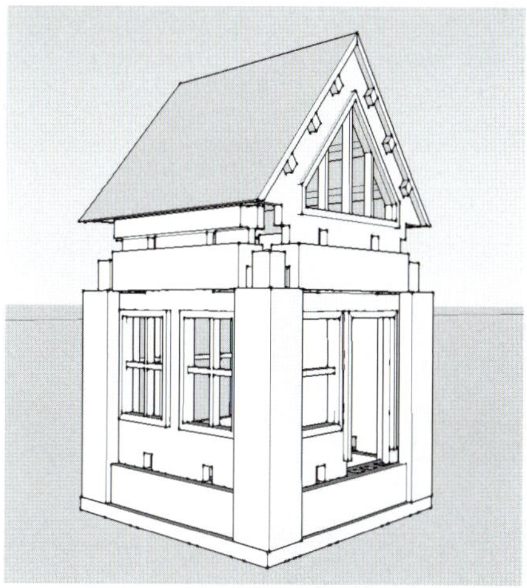

① 기초판 + ② 슬래브 + ③ 기둥 + ④ 바닥보 + ⑤ 벽체 + ⑥ 상부보 + ⑦ 지붕벽체 + ⑧ 지붕

조립 완성!!!

05 스케치업 설정

스케치업은 건축 및 인테리어 모델링에 최고로 적합한 프로그램으로 2001년 최초 출시될 당시 간편한 인터페이스와 쉬운 모델링 기법은 다른 3D프로그램과 다른 스케치업 만의 특징과 장점이 있다. 간편한 인터페이스를 기반으로 한 모델링 능력은 스케치업의 큰 장점으로 모든 사람들이 사용하기에 어렵지 않은 프로그램으로 앞으로 지속적으로 발전하고 사용자가 늘어날 것입니다. 스케치업 프로그램은 구글에서 검색하여 쉽게 다운받아 사용할 수 있다.

1 화면설정하기

스케치업 프로그램을 처음 다루는데 있어서 효율적인 인터페이스를 꾸미는 방법을 알아야 한다.

스케치업을 설치하면 다음과 같은 화면과 인터페이스로 되어있다.

기타 3D 프로그램에 비해 아주 단순하며 건축 및 실내디자인에 특성화된 3D 프로그램으로 기능이 다양하지 않아 인터페이스도 비교적 단순하게 되어있다.

① 메뉴에서 “보기 > 도구모음 > 큰 도구 세트”를 선택한다.

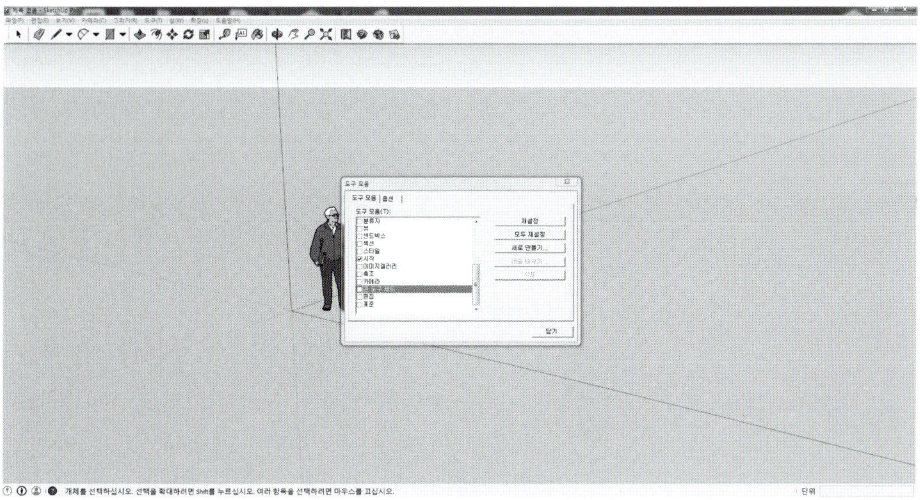

② 그림과 같이 왼쪽에 "큰 도구 세트"가 생긴다.

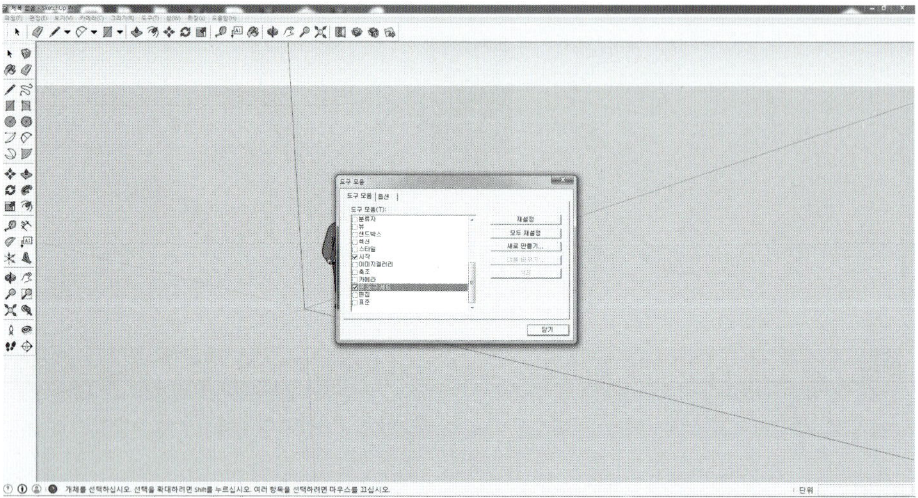

③ 그림 위쪽에 있는 툴세트는 마우스로 드래그해서 뽑아낸 다음 X 박스를 선택하여 없앤다.

* 같은 툴바(Toolbar)가 존재하므로 상단에 있는 툴세트는 제거한다.

④ 다시 메뉴에서 “보기 > 도구모음 > 표준, 스타일, 그림자, 뷰”를 선택한다.

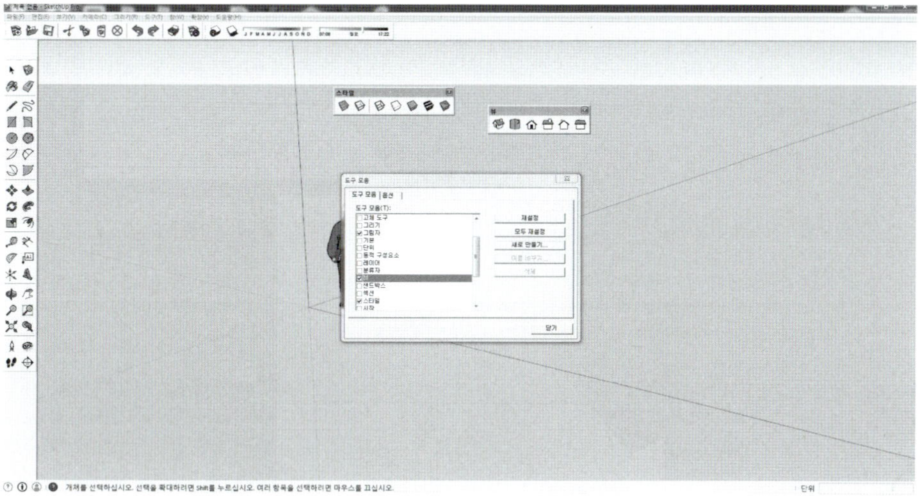

⑤ 다음과 같이 인터페이스가 완성되었다.

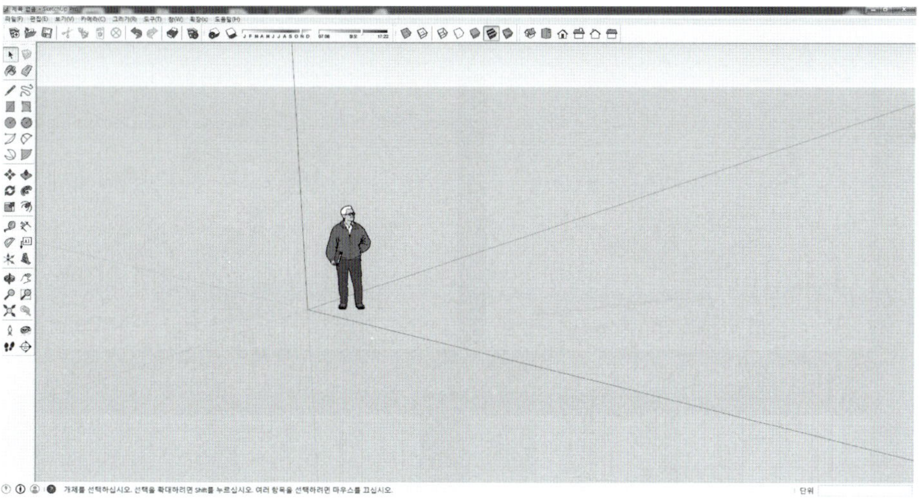

2 단위설정하기

모델링을 하는데 있어서 단위는 무척 중요하다. 미국이나 유럽에서는 인치(Inch) 또는 피트(Feet), 야드(Yard) 등의 단위를 많이 쓰지만 우리나라는 미터, 센티미터, 밀리미터 단위를 많이 사용한다. 스케치업 프로그램은 기본적으로 인치단위로 세팅되어 있으므로 우리에게 익숙한 밀리미터 단위로 설정하는 것이 모델링하는데 도움이 된다.

① 메뉴에서 “창 > 모델정보”를 선택한다.

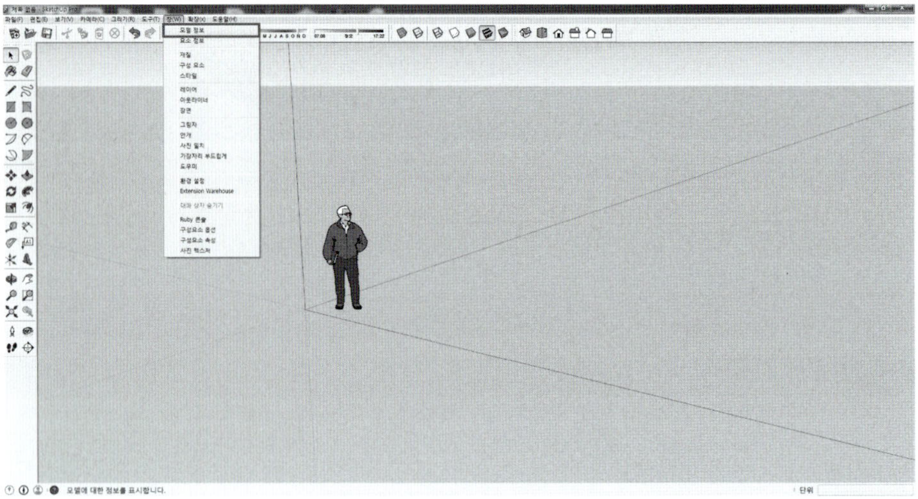

② 모델정보 창에서 단위를 선택한 후 그림과 같이

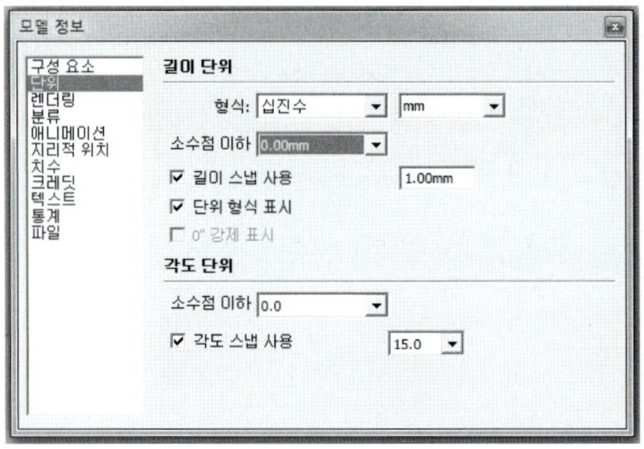

- 형식을 십진수, 단위를 mm로 선택한다.
- 소수점 이하를 0.00mm로 바꾼다.

③ 사각형이나 그림을 그려보면 수치입력창에 단위가 밀리미터로 바뀐 것을 확인할 수 있다. 한번 정한 단위는 프로그램을 새로 실행해도 바뀌지 않는다.

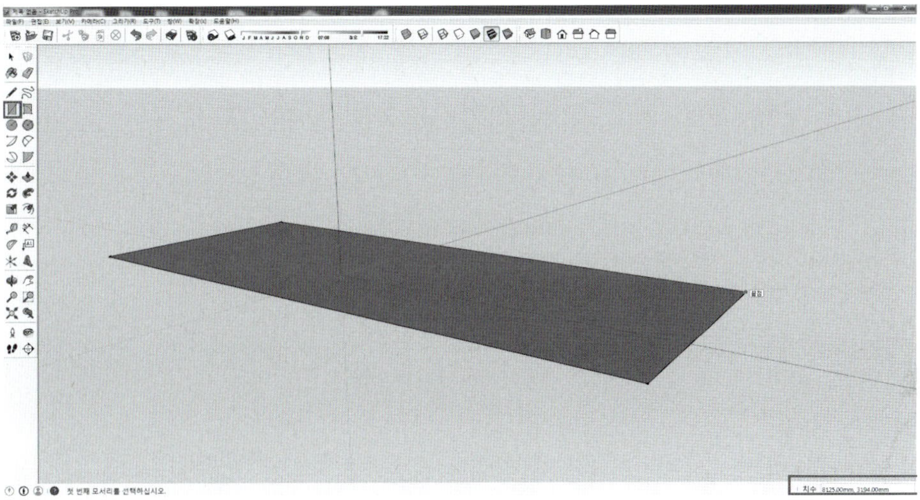

3 단축키 설정하기

이번에는 많이 사용하는 툴을 단축키로 설정해 작업 시 편하게 만들도록 한다.

① 메뉴에서 “창 > 환경설정”을 선택한다.

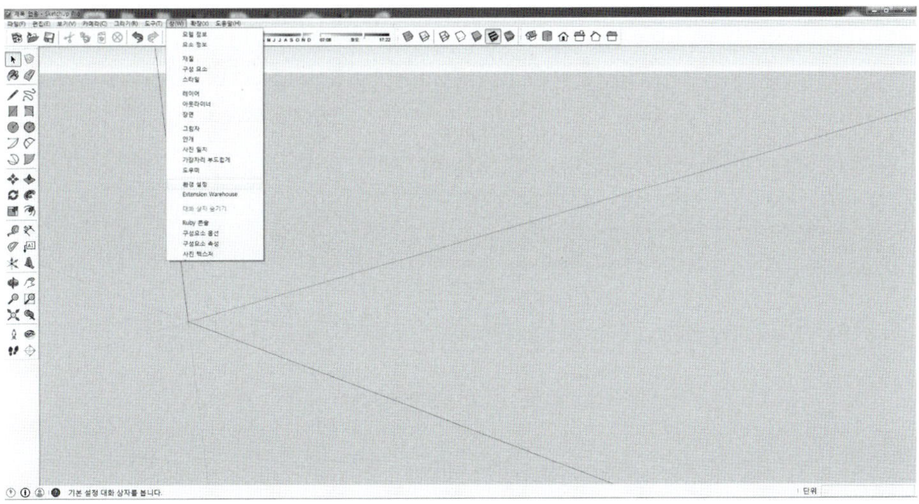

② 바로가기를 선택한 후, “그리기/형태/직사각형”을 선택한다.
현재 직사각형의 단축키는 ‘R’로 되어 있는데 이것을 스페이스바로 바꿔보도록 하자.

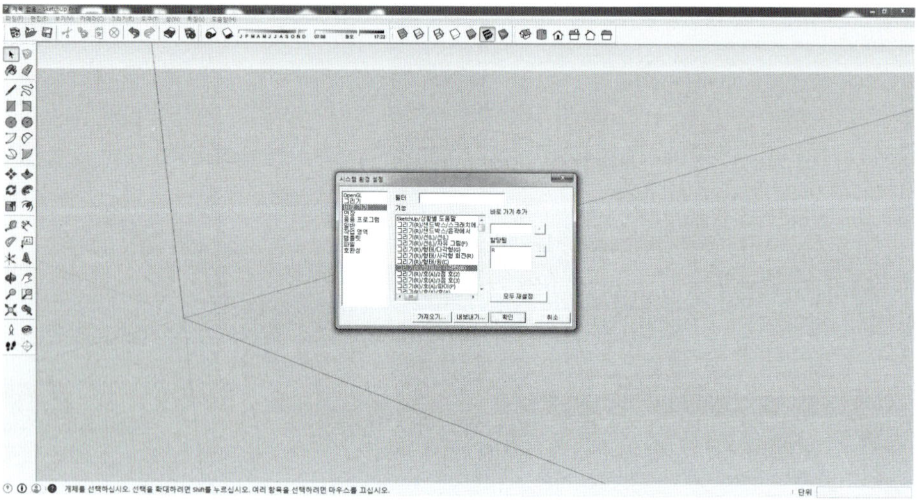

③ “할당됨” 에서 R을 선택한 후, -키를 눌러 삭제한다.

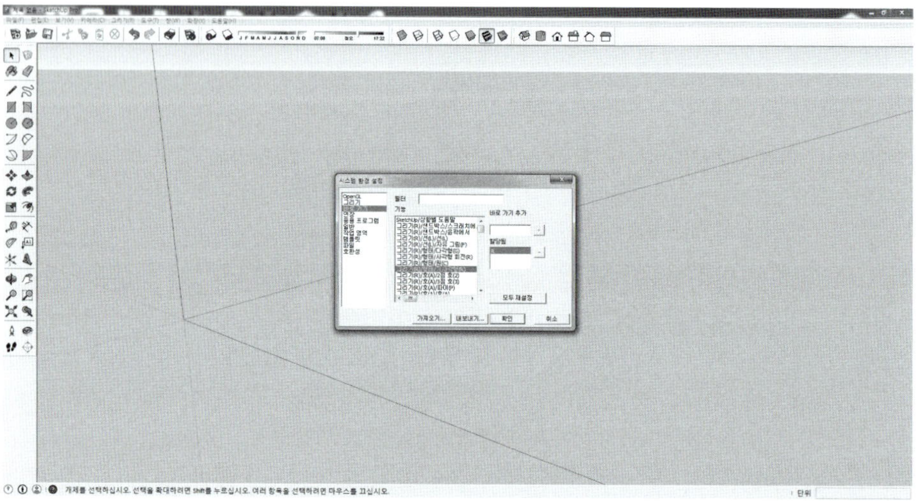

④ Add Shortcuts의 빈창으로 커서를 가져가 클리하고 키보드에서 스페이스바를 누른 후, +버튼 클릭한다. 창이 나오면 '예'를 선택하여 단축키 설정을 마무리 한다.

이제 스페이스바를 누르면, 화면을 마음대로 움직일 수 있는 Pan기능을 실행할 수 있게된다. 나머지도 같은 방법으로 자신이 원하는 단축키를 설정하면 된다.

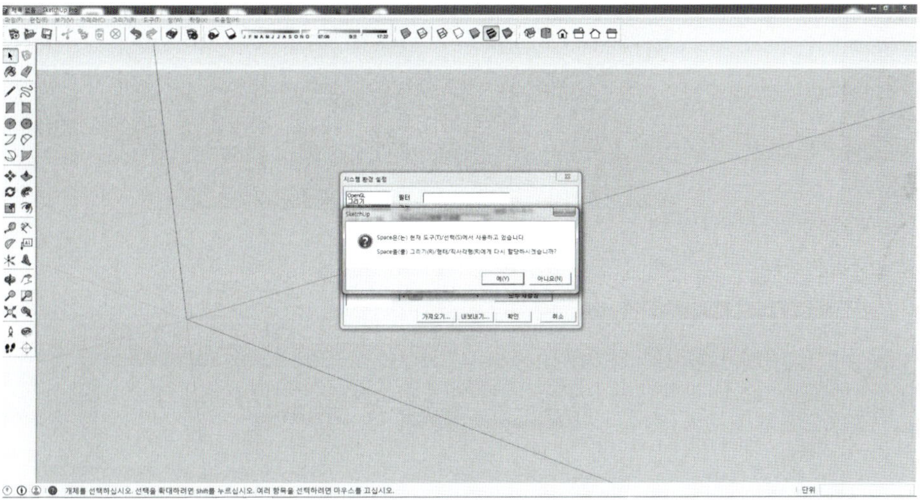

학습 학습자들과 협업하여 변형된 형상 코딩과 3D 프린팅 슬라이싱 작업하기

1 종이에 굵은 팬으로 기본 개념도를 그리고 설명하기

2 건축부재를 솔리드 모델링하고 3D 프린팅 하기

부록

01 3D 프린팅 재료

3D 프린터(Three-Dimension Print)에서 소재는 매우 중요한 부분이다. 소재의 형태 따라 3D 프린터의 특성이 구분되어지기도 한다. 크게 폴리머(레진) 재료와 금속 재료로 구분되어진다. 3D 프린팅에는 고분자, 세라믹, 섬유, 고무, 금속 등 다양한 소재를 적용할 수 있지만, 이들 소재 중 현재 상업적으로 직접 부품 제조에 활용되고 있는 것은 고분자 및 금속 소재로 볼 수 있다. 고분자 소재는 시제품 제작, 개인 맞춤형 제품, 피규어 등 다양한 분야에서 활용도가 높고, 현재 3D 프린팅 제품이라고 하면 이들 고분자 소재를 활용한 제품을 떠올릴 만큼 전체 3D 프린팅 시장에서 차지하는 비중이 높으나 소재 특성상 강도가 낮아 실제 산업용 구조용 부품 제조에 사용하기에는 어려운 부분이 있다.

(출처: http://blog.naver.com/)/(http://www.hellot.net/new_hellot/)

1 폴리머(Polymer) 소재

3D 프린터 방식 중 FDM, Polyjet, SLA, SLS 등 다수의 방식에서 가장 많이 사용하는 재료가 폴리머이다. 폴리머라는 단어는 그리스어로 많다는 의미의 "poly"와, 부분 개체라는 의미의 'meros'라는 단어의 합성어로서 많은 개체들의 결합 이라고 할 수 있다. 여기서 하나의 개체를 모노머(monomer)라고 하고 이 모노머가 모여 하나의 다른 물질로 만들어진 것을 폴리머(고분자 화합물)이라고 한다. 폴리머는 흔히 플라스틱과 혼동이 되는데 생화학이나 무기고분자들도 폴리머가 될 수 있기 때문에 폴리머와 플라스틱은 일치하는 말이 아니다. 즉, 모든 플라스틱은 폴리머이지만 폴리머가 곧 플라스틱이라고 할 수는 없다.

다만, 일반적으로 폴리머는 플라스틱으로 쉽게 인식된다. 플라스틱이란 가소성을 갖고 있는 물질이다. 가소성이란 힘을 가하면 변형되고, 힘을 제거해도 변형된 상태로 남아있는 성질을 말한다. 그 성질을 이용해서 원하는 형상의 물건을 만들 수가 있다. 이를 성형이라고 한다. 현재의 플라스틱은 유기고분자 재료를 사용한 성형품이란 의미로 많이 사용된다. 레진(Resin,수지)은 플라스틱의 다른 표현이며, 일반적으로 플라스틱은 최종제품의 의미로, 레진은 원료의 의미로 사용된다. 플라스틱 소재는 가열에 의해 연화되어 자유롭게 모양을 바꿀 수 있는 열가소성 수지(Thermoplastic Resin)와 가열시 경화되어 더 단단해지는 열경화성 수지(Thermosetting resin)로 나눌 수 있다. 3D 프린터 공정에서는 열가소성 재료는 주로 FDM 장비에서 사용되고, 열경화성 재료는 DLP와 같은 액상재료로 많이 사용된다. 여기서는 FDM 방식에 많이 사용되는 열가소성 재료의 특징과 수축률 설명과 열경화성 재료의 특징을 설명하고 있다.

표 부록.1 플라스틱 소재의 장·단점

장점	단점
가볍고 단단함	열, 불에 약함
가공, 착색, 투명 구현이 쉬움	온도 변화에 따른 물성변화가 큼
녹이 슬지 않음	강도, 내구성, 내약품성 등이 부족함
절연성(전기가 안 통함)이 있음	저가 이미지가 존재함
복잡한 형상 구현이 가능함	
가격 경쟁력이 있음	

2 열가소성 수지(Thermoplastic Resin)-(FDM 방식에서 주로 사용)

열가소성 재료는 가열하면 형태를 변화시킬 수 있고, 냉각하면 다시 단단해지는 성질이 있는 수지이다. 압출·사출 성형에 의해서 능률적으로 가공할 수 있는 장점이 있어서, FDM(FFF) 방식에 사용되는 수지이다. 열가소성 수지는 결정성(Crystalline)과 비결정성(Amorphous)으로 분류할 수 있다. 결정성 플라스틱은 빛이 결정성 플라스틱의 내부를 통과할 때 결정화 부분과 비정질 부분의 밀도가 달라 바로 직진하지 못하고 반사 또는 굴절되므로 반투명 또는 불투명으로 보이는 특성이 있다. 비결정성 플라스틱은 비록 불규칙적인 원자 배열을 하고 있지만 내부 전체가 균일한 밀도의 동일한 구조를 가지고 있으므로 빛은 굴절 없이 투과되어 투명하게 보이게 된다. 결정성 열가소성수지에는 폴리에틸렌, 나일론, 폴리아세탈수지 등이 포함되고, 비결정성 열가소성수지에는 염화비닐수지, 폴리스타이렌, ABS수지, 아크릴수지 등이 포함된다. 다음의 열가소성수지는 3D 프린터에서 주로 사용되는 열가소성 수지들에 대한 특징과 수축률을 정리하였다.

(1) ABS(Acrylonitrile Butadiene Styrene)

ABS는 아크릴로니트릴(A), 브타디엔(B), 스티렌(S)의 세 가지 성분으로 되어 있고, 각각의 혼성중합체의 성질을 동시에 가지는 혼합수지이다. 각각의 혼성중합체의 성분

조합이 다르면 제품 성능도 미묘하게 변화하므로 용도에 따라 조합을 바꿀 수 있다. 내충격성과 내부식성은 매우 좋고, 내열성도 좋은 편이다. 용제에는 침식되나, 약산과 약알칼리에는 견디는 특성을 갖고 있다. ABS는 플라스틱 중 가장 도금하기 쉬운 재료이기도 하다. 본래의 색은 유백색으로 불투명하며 착색과 성형성이 우수하다. ABS는 수축성이 있어서 큰 조형물을 프린팅 시에 너무 빠르게 식히면 균열이나 휨 현상이 발생할 수 있다. 재료와 출력물의 최적 성질을 얻기 위하여, 가공 전에 습기제거가 필요하며, 완성된 출력물의 건조는 70~80도에서 2~4시간 실시하면 된다. ABS는 범용적으로 사용되는 플라스틱 수지로서, 각종 가전제품, 자동차 부품, 사무기기, 잡화 등에 사용되고 있다.

☑ 아크릴로니트릴(Acrylonitrile) 증가

경도, 인장강도, 탄성률, 내충격성, 내용제성, 내열성 증대

☑ 브타디엔(Butadiene) 증가

내충격성, 내마모성 ,신장이 증대

☑ 스티렌(Styrene) 증가

성형성, 전기적 특성, 유융 유동성 증대

※ ABS는 압출하면서 가벼운 가스가 생성된다. 이 가스는 일반적으로 허용되는 범위에 있지만, 호흡 곤란이 있거나 특정성분에 민감한 사람들은 위험할 수 있다. 사용 시 3D 프린터가 통풍이 잘 되는 장소에 있는지 확인해야 되며, 되도록 연기를 흡입하지 않도록 노력하는 것이 좋다.

☑ 프린팅 적정온도(Printing Temperature)

220~260℃

☑ 첫 레이어 적정온도(First Layer Temperature)

240~250℃

☑ 베드 적정온도(Bed Layer Temperature)

100~110℃

☑ RAFT 필요여부

필요

☑ 성형수축률

0.3~0.6%

(2) PLA(Polylactic Acid)

PLA는 옥수수와 사탕수수를 원료로 만들어진 친환경 재료로 생분해성 고분자(Biodegradable Polymer)인 폴리락트산 이다. 최종적으로는 H_2O, CO_2로 생물 분해됩니다. PLA는 결정성과 비결정성 두 가지로 만들어질 수 있다. PLA는 ABS 대비 80%의 강도를 지니며, 이산화탄소 발생량이 적다. 바이오소재의 특성상 출력 시 유해한 성분이 발생하지 않으며, 출력 시 달콤한 냄새가 난다. 또한, ABS보다는 균열이나, 휨, 수축 현상이 적다. 또한, 점착성이 우수하며, 기포발생이 없다.

☑ 프린팅 적정온도(Printing Temperature)
190~230℃

☑ 첫 레이어 적정온도(First Layer Temperature)
180~190℃

☑ 베드 적정온도(Bed Layer Temperature)
80~90℃

☑ 성형 수축률
0.3%

☑ RAFT 필요 여부
선택적으로 필요

(3) PVA(PolyVinyl Alcohol)

고분자화합물로 탄소(C), 수소(H), 산소(O)로 구성되어 있으며, 폴리아세트산비닐(아세트산비닐수지)을 가수분해하여 얻어진다. 화장품(팩), 의약품(눈약, 알약)에도 사용되는 극히 유해성이 낮은 소재이며, 잉크와의 접착성이 좋아서 그라비아 인쇄가 가능하다. 물에는 녹고, 일반 유기용매에는 녹지 않는다. 비닐론의 원료이고, 도료, 접착제, 에멀션화제 등에도 사용된다. 3D 프린터에서는 물에 쉽게 녹는 특성을 이용하여, 이중 압출기를 지원하는 3D 프린터에서 서포트 재료로 사용된다. 조형물을 출력한 후에 일반 수돗물에 담그면 서포트 부분은 쉽게 녹여서 제거 할 수 있다.

☑ 프린팅 적정온도(Printing Temperature)
160~190℃

☑ 첫 레이어 적정온도(First Layer Temperature)
160℃

(4) PP(Polypropylene)

폴리프로필렌(polypropylene)은 폴리에틸렌과 같이 석유에서 얻어진 프로필렌을 지글러-나타 촉매로 중합시킨 것으로서, 고밀도 폴리에틸렌(HDPE)와 같은 저압법으로 만들어진다. PP는 가볍고 유연성이 좋으며, 투명성과 표면광택이 좋다. 비중은 0.92로서 현재 있는 플라스틱 중에 가장 가벼우며, 구부리면 백화현상이 일어나며 물에 뜬다. 빛이나 산소에 의해 산화되고, 기계적 성질이 저하됩니다. 내약품성, 전기적, 화학적 성질이 우수하다. 수축률이 크고, 내한성은 PE보다 떨어진다. 표면에 직접 인쇄가 어려우며, 연소 시에는 왁스 타는 냄새가 난다. 용해 온도도 135~160℃로 높고, 그 응용범위도 넓다. 그러나 착색하기 힘든 단점도 존재한다. 용도는 포장용 필름, 섬유, 파이프, 일용잡화, 완구, 공업용 부품, 컨테이너 등으로 사용된다.

☑ 성형 수축률

0.8 ~1.5%

(5) HDPE (High Density Polyethylene)

HDPE(High Density Polyethylene/고밀도 폴리에틸렌)는 매우 일반적인 엔니지어링 플라스틱이다. 이는 폴리에틸렌의 한 종류로, 특수한 촉매와 에틸렌을 반응시켜 만들어진다. 저압법(치글러)법으로 만들어지기에 저압 폴리에틸렌이라고 불리기도 한다. 특징으로는 딱딱하고 광택이 적으며, 유백색의 반투명으로 투명도는 좋지않고 밀도는 1보다 작다. 질긴 재질로서 잘 휘어지고, 물에 넣으면 뜨며. 내수성, 내약품성, 전기절연성이 우수하고 무독, 무취이다. 산과, 알칼리에는 강하나 기름(Oil)에는 약하며, 탄산가스, 유기용매의 투과성이 크고 보향성(향기차단)이 약하다. HDPE는 샴푸 용기, 세제 용기, 전선, 호스, 파이프, 로프 등 압출성형품에 사용되는 합성수지이다.

(6) HIPS(High Impact Polystyrene)

스티렌 부타디엔 검(styrene butadiene gum)이나 폴리부타디엔을 스티렌 단위체에 융해한 후 과산화물을 중합개시제로 첨가하여 중합한 중합체로서 검 성분이 균일하게 분산되어 있기 때문에 내충격성을 갖는다. 내충격성 폴리스티렌은 현재 요구르트 병에 널리 사용되고 있는데, 가공품의 외관은 약간 흐린 상태로서 투명한 제품을 만들 수 없는 결점이 있다. 강도는 ABS와 PLA 의 중간 정도이며, 광택이 나는 성질이 있다. 또한, 수축현상이 존재하기에, 출력물을 너무 빨리 식히지 않는 것이 좋다. 또한, 프린팅시 플라스틱 냄새가 조금 발생할 수 있다.

☑ 프린팅 적정온도(Printing Temperature)
220~260℃

☑ 첫 레이어 적정온도(First Layer Temperature)
260℃

☑ RAFT 필요 여부
필요함

(7) PC(PolyCarbonate)

폴리카보네이트 엔지니어링 플라스틱에 속하며, 강인성으로 특히 충격강도가 크다. 내열성이 크고, 저온특성도 좋으며(135~-100℃), 빛에도 안정되어 있고, 가공시의 산화가 적다. 전기특성이 뛰어나며, 투명하고, 치수안정성 및 내후성도 좋으며, 흡수성도 작다. 독성이 없고, 물, 강산에 강하다. 전기부품, 기계부품, 일용품(식품, 가스라이터, 화장품 용기), 보안용 헬멧 등에 널리 이용된다.

☑ 성형 수축률
0.5~0.8%

3 광경화성수지(Photopolymer Resin) – (DLP, SLA, Polyjet 방식 등에서 사용)

자외선(Ultraviolet, UV)등 빛에너지를 받아 가교, 경화하는 합성 유기 재료를 광경화성 수지라고 한다. 변화되는 물성은 용해서, 접착성, 화학적 친화성, 광학적 성질 등 다양하다. 자외선에 의해 경화하는 수지를 자외선 경화성(UV 경화성) 수지, 자전선에 의해 경화하는 수지를 전자선 경화성(EB 경화성) 수지라고 부른다. 3D 프린터 중 MJM, Polyjet, SLA, DLP 방식에서 광경화성 수지가 사용된다. UV 경화성 수지는 올리고머, 모노머, 광중합 개시제, 각종 첨가제 등으로 구성된다.

(1) 올리고머(베이스 수지)

올리고머는 수지의 물성을 좌우하는 중요한 성분으로, 중합 반응에 의해 고분자 결합을 형성하여 경화 피막을 이룬다. 골격 분자의 구조에 따라 폴리에스테르계, 에폭시계, 우레탄계, 폴리에테르계, 폴리아크릴계 등의 아크레이트로 분류 한다.

(2) 모노머 (반응성 희석제)

반응성 올리고머의 가교제, 희석제로서의 역할을 하며, 중합하여 경화 피막을 형성시키기 위한 원재료 이다.

(3) 광중합 개시제

UV 경화수지의 가장 기본이 되는 원재료로써 광중합 개시제는 자외선을 흡수하여 라디칼 혹은 양이온을 생성시켜 중합을 개시시키는 역할을 하며 단독혹은 2-3 종류를 섞어서 첨가되는 경우가 많다.

(4) 첨가제

용도에 따라 광증감제, 착색제, 증점제, 중합 금지제 등이 첨가된다. 이는 각각의 산업분야에서 요구되는 사항에 맞추어 사용되는 것으로서 이해하면 된다.

■ 표 부록.2 수지별 수축률(참고표)

NO	Resin	수축율범위 (평균치)	비중	열변형온도 4.6kg/cm^2 (18.6kg/cm^2)	용융점(℃)
1	N6 Base	1.2~1.9(1.5)	1.14	175(60)	220
2	N6 GF15%	0.7~1.2(0.9)	1.23	210(205)	220
3	N6 GF30%	0.4~0.9(0.6)	1.36	215(210)	220
4	N66 Base	1.2~1.9(1.5)	1.14	230(90)	255
5	N66 GF15%	0.7~1.0(0.8)	1.23	250(240)	255
6	N66 GF30%	0.3~0.9(0.6)	1.36	255(250)	255
7	N66 GF50%	0.1~0.6(0.4)	1.52	255(253)	255
8	PBT Base	1.7~2.3(1.9)	1.31	155(60)	222
9	PBT GF15%	0.7~1.3(1.0)	1.40	215(206)	222
10	PBT GF30%	0.5~1.0(0.7)	1.52	220(210)	222
11	POM Base	1.8~2.2(2.0)	1.41	158(110)	165
12	POM GF25%	0.4~0.9(0.5)	1.59	158(110)	165
13	POM FU20	1.2	1.36	125(70)	165
14	PPS GF40%	0.2~0.4	1.66	260	290
15	N46 Base	1.5~2.5	1.18	280(160)	295
16	N46 GF30%	0.2~09(06)	1.41	290(290)	295
17	N46 GF50%	0.1~0.6	1.62	290(290)	295
18	PC Base	0.5~0.7	1.2	140(135)	-

19	PC GF30%	0.1~5.0(2.5)	1.43	150(146)	–
20	MPPO Base	0.5~0.7	1.06	136(128)	–
21	MPPO GF30%	0.2~0.4	1.27	151(142)	–
22	**ABS Base**	**0.4~0.9(0.6)**	**1.05**	**102(84)**	**–**
23	PC+ABS	0.5~0.9	–	110	–
24	ABS GF30%	0.1~0.2	–	–	–
25	PS (GP)	0.2~0.5(0.3)	1.04	983(86)	–
26	HIPS	0.4~0.6	1.05~1.14	74	–
27	PP HOME copp	1.2~2.5(1.7)	0.90	90~110	–
28	PP GF, MG30%	0.7~1.2	1.13	150(14)	163
29	**LDPE**	**1.5~2.5(17)**	**0.924**	**68~70**	**163**
30	HDPE	1.5~2.5(16)	0.962	72~76	104~112
31	PMMA	0.2~0.6	1.17	88	135
32	PPA GF30%	0.2~0.9	1.44	280	325
33	PEEK GF30%	0.2~0.9	1.49	315	340

02 금속소재

금속소재는 항공기, 자동차 부품의 제조와 쥬얼리, 악세사리 제조에 많이 사용된다. 금속분말 재료를 사용하여 조형물을 만들 수 있으며 스테인레스강, 청동, 금, 알루미늄, 코발트크롬 등 다양한 금속재료들이 있다. 앞으로 기술의 발전으로 다양한 소재들이 사용 가능하게 될 것이다. 금속소재는 금액이 비싼 것이 단점이지만 매우 효과적이다. 조형물의 적층두께는 보통 0.05~0.2mm까지 정밀하게 할 수 있다. 금속소재는 분말형태로 가장 빠른 금속 프린팅 공법은 결합제를 함유한 분말 금속 복합체를 침전시키는 것이며 각 층들이 침전된 이후에 결합제가 녹아 금속이 일시적으로 함께 고정되게 되고 최종적으로 오븐에서 굽게 되면 융합이 일어나는 방법이다. 또한, 레이저를 사용하여 서포트 없이 빠르고 정밀하게 조형할 수 있는 장점이 있다.

금속 소재 부품 등 금속 제품을 대체하는 데는 한계가 있기 때문에 최근에는 실제 부품 제작, 의료용 임플란트, 금형 소재 등에 직접적으로 활용될 수 있는 금속 소재

3D 프린팅 기술에 대한 관심도가 높아지고 있다. ASTM에서 분류한 제조 기술 중에서 금속 소재를 이용한 3D 프린팅 기술은 Powder Bed Fusion(PBF), Direct Energy Deposition(DED), Binder Jetting(BJ), Sheet Lamination(SL) 등 4가지가 있다. 3D 프린터용 금속 소재의 대부분은 금속판이나 와이어 타입의 사용은 많지 않으며, 대부분 PBF 방식이나 DED 방식으로 제조되기 때문에 금속분말이 대부분 사용된다. 금속 3D프린터의 기본은 SLS(Selective Laser Sintering; 선택적 레이저 소결)이며 공식용어는 PBF이다. 이는 구형 분말에 레이저를 조사해 녹인 후 적층시켜 입체 조형하는 방식으로 한층을 용융한 후 파우더 베드가 하강하고, 다시 한층에 분말을 공급하여 또다시 레이저를 조사하는 과정을 반복하게 되면서 3차원 형태의 제품이 완성된다. 수년전에는 결합강도가 약해 소결된 분말을 재소결하여 강도를 증진시켰으나, 최근에는 소결이 아닌 분말을 용해하여 후공정인 소결 공정을 없애는 방식이 보편화됐다. 아울러 최대 성형 크기도 증대되고 있으며, 수 마이크로 크기의 미세 분말을 사용하여 초소형 정밀 부품을 제조하는 장비도 소개되고 있다.

■ 표 부록.3 PBF와 DED 방식의 비교

방식	기본원리	기술 개요	장단점
Powder Bed Fusion	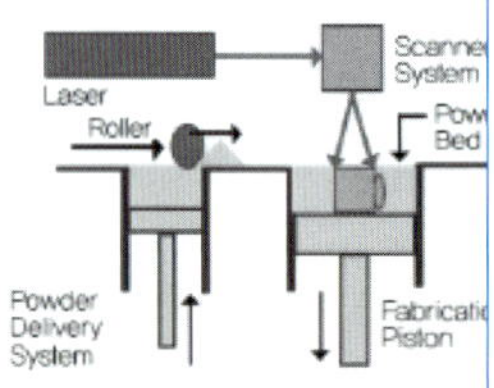	금속분말을 편평하게 깔고 레이저를 선택적으로 조사사여 금속분말을 국부적으로 용융 또는 소결	• 비교적 단순한 기계 구조 • 정교한 금속 제품 성형 • 오버행 구조를 갖는 조형물의 제작 용이 • 고가의 구형 분말 사용 • 물활성 또는 고진공 분위기 • 일부 재소결 필요
Direct Energy Deposition	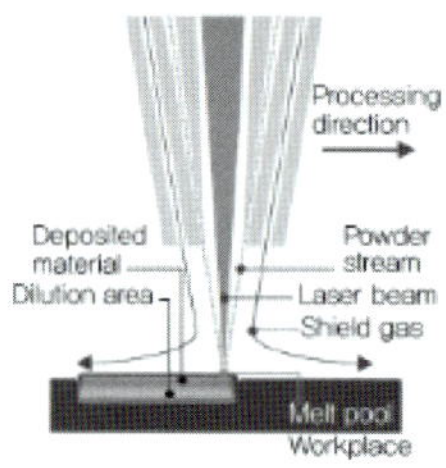	고출력 레이저 빔을 금속 표면에 조사하면 순간적으로 melt pool의 생성과 동시에 공급되는 금속분말을 실시간으로 공급하여 적층	• 복잡한 중공 형태나 오버행 구조 적층에는 문제점 • 3D 적층 외로 금형 수정 보수 등에 활용 가능 • 일반 분말 사용 • 금속층의 높이를 정밀 제어하기 위해 공정 변수의 실시간 제어가 필요

두 번째 방식인 DED 방식은 보호가스 분위기에서 분말을 실시간으로 공급하고, 고출력의 레이저를 사용하여 공급 즉시 용융시켜 적층해 가는 방식이다.

금속 3D프린터의 가장 보편화된 4대 소재는 타이타늄합금, Co-Cr강, 금형강, 인코넬합금으로 타이타늄합금 및 Co-Cr합금은 치과 및 인공뼈 등에 사용되며, 초내열합금인 인코넬합금은 우주항공용 연소기 부품 등에 사용한다.

금형용 부품 제작에는 프린터 제조업체별로 일반 금형강의 성분을 조절하여 3D프린터에 적용하고 있다. 그러나 경량 소재인 알루미늄이나 마그네슘합금은 소재 자체의 산화성 등으로 인해 일부 합금만 부분적으로 사용 또는 연구 개발되고 있다. 금속분말은 수십 나노미터에서 수백 마이크로에 이르기까지 다양한 크기를 가지는 금속입자를 통칭하며, 보통 가루 형태로 존재하여 체적 대비 표면적이 넓다. 또한 액체와 같은 유동성을 가지고 외부의 압력이나 고온에 노출될 경우 고체 고유의 특성을 얻을 수 있는 특징이 있으며 표면적이 넓어 분진 폭발의 위험성도 가지고 있다. 금속분말의 제조 방법으로 Atomizing(Water, Gas), Electrolytic, Chemical Reduction, Plasma Rotating Electrode Process(PREP) 등의 방법이 있는데, 구형화 및 회수율이 높은 Gas Atomizing 및 PREP 방법이 주로 사용되는 것으로 알려져 있다.

금속분말을 사용해 부품을 제조하는 기존의 분말야금 방법은 분말을 성형 압축시켜 소결이란 여러 공정을 거치게 되는데, 3D프린터를 활용하면 프린터 내에 공급된 금속분말의 국부적인 용융과 융착이 반복되는 간단한 제조 공정을 거쳐 일정한 형상의 부품이 제조된다. 또한 3D프린터를 사용하면 스크랩 등의 재료 손실도 없고, 유사한 디자인이나 형상 변경에 대한 설계 변경이 자유롭다는 장점이 있다. 아울러 기존 주조 방법으로 제조가 불가능한 언더컷, 다중공 형태 제품의 생산이 가능하며, 두께도 0.3mm 이하로 제작 가능하여 정밀한 부품 제조가 가능하고 Net-shape 성형이 가능하기 때문에 성형 이후 후가공 공정을 대폭 줄일 수 있다.

■ 표 부록.4 3D프린터에 사용되는 주요 금속 소재 및 용도

Materials name	Material type	Typical applicayions
MaragingSteel MS1	18 Mar 300.1.2709	Injection molding series tooling; Engineering parts
StainlessSteel Gp1	Stainless steel 17-4/1.4542	Functional prototypes and series parts; Engineering and medical
StainlessSteel PH1	Hardenable stainless 15-5/1.4540	Functional prototypes and series parts; Engineering and medical
NickelAlloy IN718	hoonelTM 718, UNS N07718,AMS 5662, W.Nr 2.4668 etc	Functional prototypes and series parts; High temperature turbine parts etc.
NickelAlloy IN625	hoonelTM 625, UNS N06625,AMS 5666F, W.Nr 2.4856 etc	Functional prototypes and series parts; High temperature turbine parts etc.
CobaltChrome MP1	CoCrMo superalloy, UNS R31538, ASTM F75 etc.	Functional prototypes and series parts; Engineering, medical, dental
CobaltChrome SP2	CoCrMo superalloy	Dental restorations
titanium Ti64	Ti6AI4V, TiA6V4 ELI	Functional prototypes and series parts; Aerospacem motor sport ets.
Aluminium	AISi10Mg, AISi12	Functional prototypes and series parts; Engineering, automotive etc.
ETC	CL 80CU(Bronze), Yellow gold(18carat), Silver alloy (930sterling)	Arts and Jewelry

3D프린터에서 금속은 플라스틱과는 달리 매우 높은 온도에서 액체 상태가 될 뿐 아니라, 열처리 과정 등을 통해 강도를 비롯한 기초물성이 많이 달라질 수 있으므로 금속을 소재로 3D 프린팅을 한다는 것은 간단한 문제가 아니다. 3D프린터의 기본적인 작동 원리를 금속 재료에도 그대로 적용해 보면 높은 온도에서 금속을 분사해 이를 공기 중에서 조금씩 식혀 나가면서 원하는 모양으로 만들 수 있지만 이 같은 과정이 말은 쉬워도 실제로 구현하는 것은 기술적으로 매우 어려운 일이다. 특히 금속은 높은 온도에서 유동성이 있는 액체 상태이기 때문에 쉽게 흘러내리거나 모양이 변하기 쉽고, 또한 사용하려는 금속의 소재마다 녹는점이나 산화성 등 여러 가지 특성이 달라 그 동안 금속을 재료로 하는 3D프린터 개발에 대해 기술적인 면이나 경제성 면에서 부정적인 시각이 많았던 것이 사실이다. 또한 분말 제조 기술이 난이도가 높고 각

합금마다 적층 조건이 다르기 때문에 3D 프린팅에 적용할 수 있는 금속 소재가 제한적이지만, 다양한 Energy source의 개발 및 금속분말의 개발에 따라 시장 수요를 넓히고 있고 의료용이나 금형 냉각코어 제조 분야에서는 활용도가 급속히 높아지고 있다.

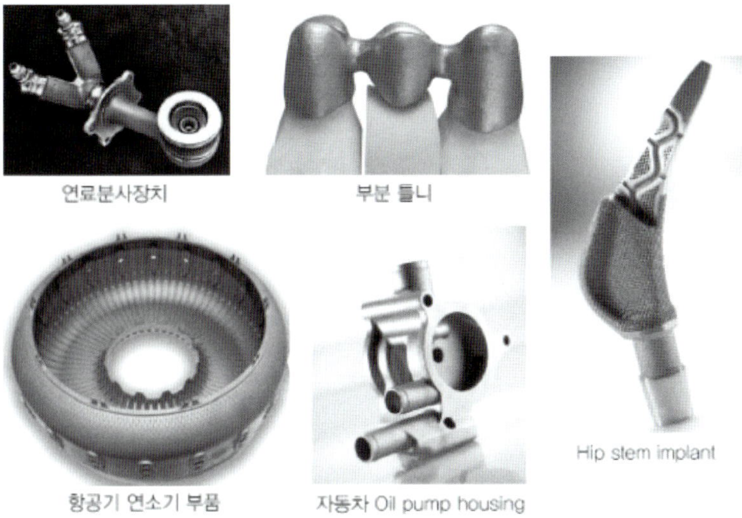

그림 부록.1 다양한 금속 3D 프린팅 제품

03 3D 프린팅 후처리 공구

3D 프린팅 이후 제품의 다양한 이물질들이 발생하게 된다. 이는 3D 프린팅 형식과 조건에 따라 매우 다양하게 나타난다. 따라서 3D 프린팅 이후 제품의 후처리 과정이 필수적으로 필요하다. 물론 후처리가 거의 필요없을 정도로 프린팅 되는 3D 프린터들도 있다. 이는 매우 고가의 3D 프린터 장비들로 일반적으로 사용하기에는 다소 경제적인 문제가 있다. 여기서 후처리 과정은 보급형 3D 프린터(FDM)를 기준으로 하고 있다. 보급형 FDM 3D 프린터의 특징상 모델과 서포트 재질이 같은 종류로서 서포트의 강도가 단단하기 때문에 아래 그림과 같은 다영한 도구(공구)들을 사용하여야 한다. 이때 안전사고에 대한 주의가 필요한 상황이다. 항상 안전사고에 대비할 수 있는 안전수칙을 준수하여야 한다.

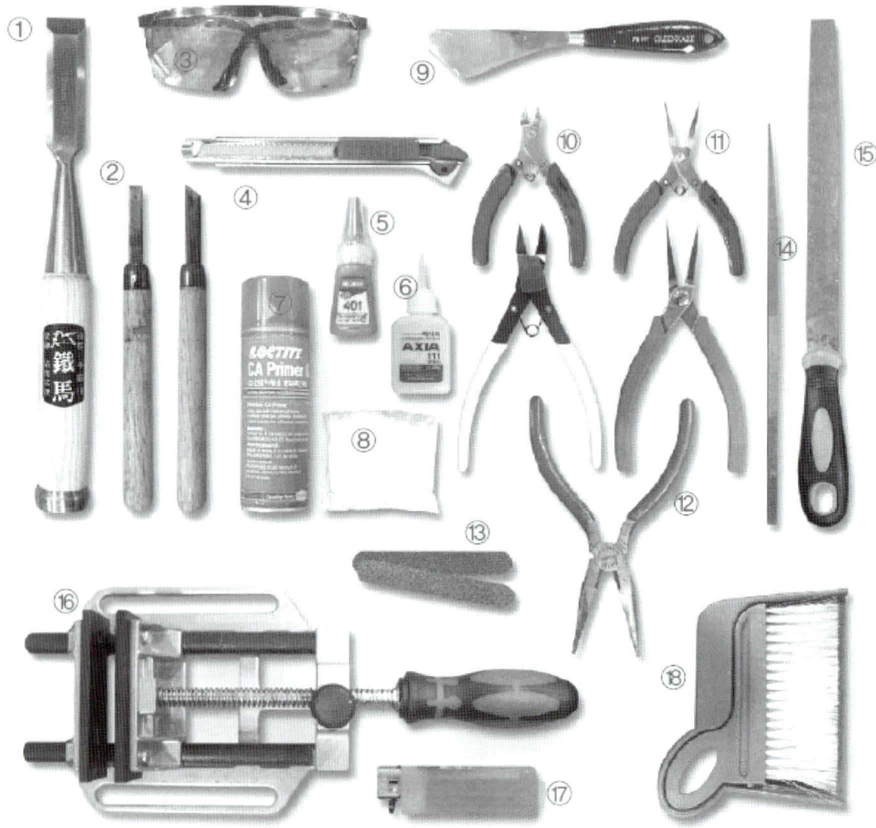

■ 그림 부록.2 3D 프린팅 제품 후처리 공구의 예

① 끌: 출력판에 단단히 붙어서 잘 떨어지지 않거나 떼어낸 이후에도 남은 부분이 있을 사용

② 조각칼: 레프트나 서포트 제거에 사용하며 특히, 평조각도는 바닥면에서 떨어지지 않는 경우에 사용

③ 안전고글: 눈을 보호하는 보안경

④ 커터칼: 날카롭게 자를 때 사용

⑤ 순간접착제(고점도): 일반적인 접착이나 틈이 넓은 경우, 경화제와 함께 매꾸는 용도로 사용

⑥ 순간접착제(저점도): 식용소다 등의 파우더와 같이 사용하여 삼투압 효과를 이용해 빈공간을 매꾸는 용도로 사용

⑦ 급속경화제: 순간접착제와 병행하여 급속히 경화시킴(겨울철 또는 빠른 접착속도를 원할 경우)

⑧ **식용소다:** 빈 공간을 채울때 필러로 사용하는 것으로 저점도의 접착제와 사용(식용소다 대신 퍼티형 필러를 사용해도 좋음)
⑨ **유화용 나이프:** 제소나 퍼티를 평평하게 바를 때
⑩ **니퍼:** 사출물 커팅용 니퍼로 옆에서 보면 아주 얇은것을 선택하는 것이 좋고, 구석구석 서포트 제거에 용이하며 출력물 분할이나 절단시 절단면이 칼로 자를 때 사용
⑪ **플랫롱노우즈:** 일반 롱노우즈 보다 좁고 얇고 평형하며, 좁아야 서포트 틈새로 깊이 집어넣어 파쇄하기 좋고(큰 것보다는 작은 것이 훨씬 쓰임이 많음)
⑫ **롱노우즈:** 작고 깊은곳의 서포트 제거에 유용함
⑬ **샌드블럭(샌드패드):** 일반 사포의 경우 사포가루가 묻어 검게 변하는 경우가 있는데 샌드블럭은 다루기가 좋음
⑭ **사각줄:** 각형 구멍이나 구석진 틈새의 사상용으로 사용
⑮ **평줄:** 일반적으로 출력물의 외관에 사용하기 편리(강한 치솔등을 준비하여 사용후 수시로 틈새를 브러쉬하여 관리할 것)
⑮ **소형바이스:** 출력물의 외관사상시에 매우 유용함
⑮ **라이터:** 백화현상을 줄여주는 역할, 파란불꽃부분이 온도가 낮으므로 바짝 붙여서 사용(과열주의)
⑮ 소형비와 쓰레받이(청소도구)

04 3D 프린터 조작 가이드

1 안전한 프린터 사용을 위한 주의사항

① 기기 주변에 아동이 있을 경우 관찰 및 보호가 필요합니다.
② 출력물 및 버려지는 재료를 삼킬 경우, 질식 등의 위험이 있으므로 손에 닿지 않도록 주의하세요.
③ 프린터가 동작 중일 때는 작동부에 신체 부위를 넣지 마세요.
④ 노즐(nozzle)이나 히팅베드(heating bed) 접촉으로 화상을 입을 수 있으므로 장치가 완전히 식기 전에는 만지지 마세요.

2 프린터 소개

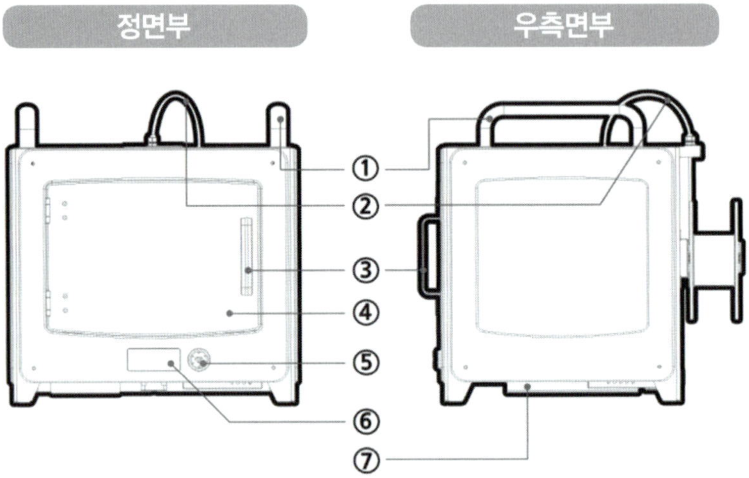

① 기기 손잡이
② 재료공급 튜브(후면의 재료가 노즐로 공급되는 연결 튜브)
③ 전면 도어 손잡이
④ 전면 개폐 아크릴 도어(도어를 열어 SD메모리 카드 삽입)
⑤ 조작버튼(LCD화면의 메뉴 컨트롤)
⑥ LCD창(온도, 속도 등을 확인)
⑦ 전원 공급장치

후면부

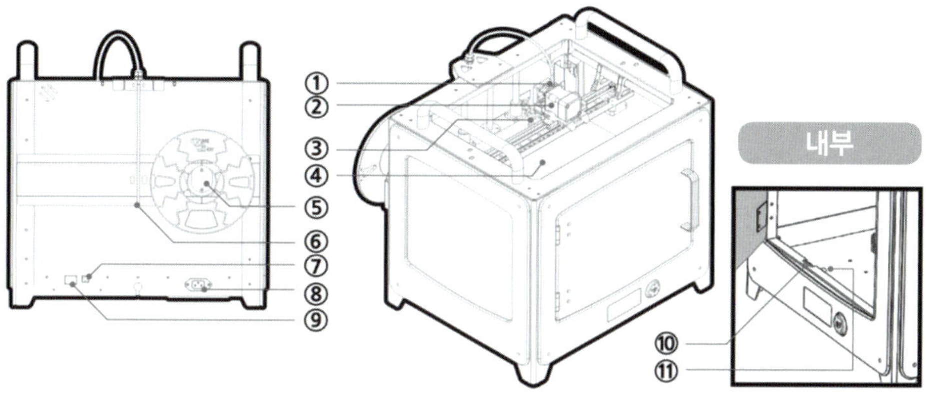

① 노즐 상부 재료 주입구

② 재료 압출용 모터

③ 쿨링팬

④ 베드(출력물이 적층되는 장소)

⑤ 필라멘트 걸이 장치

⑥ 필라멘트 주입구(필라멘트를 넣어주는 입구)

⑦ USB 포트(PC와 연결을 위한 포트)

⑧ 전원 소켓

⑨ 전원스위치

⑩ SD 메모리카드 주입구

⑪ 기기 리셋버튼(긴급정치 및 초기화)

☑ 터보형 송풍기의 분류

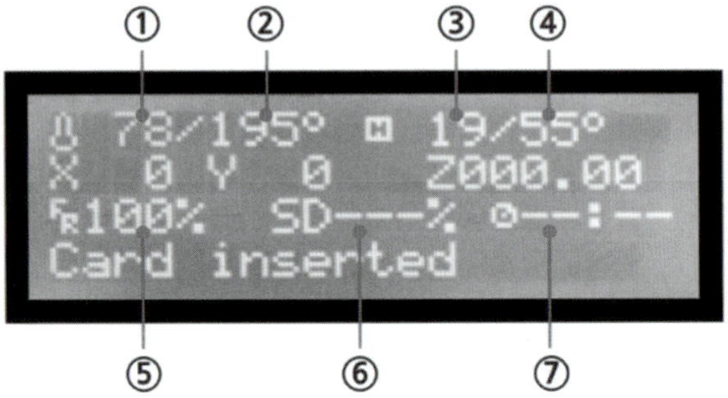

① 노즐 현재온도
② 노즐 예열 목표온도
③ 베드 현재온도(옵션)
④ 베드 예열 목표온도(옵션)
⑤ 속도(%)
⑥ SD카드 출력 진행도(%)
⑦ 출력 경과시간 표시

3 프린터 사용방법

(1) LCD 조절 버튼 조작방법

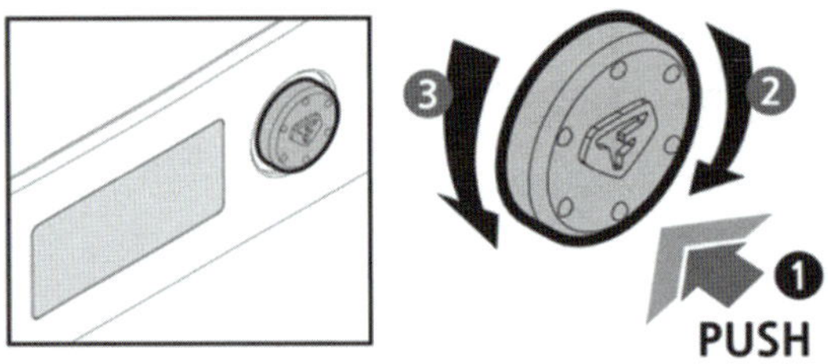

① 누름 – 선택
② 시계 방향 – 커서 위로 이동
③ 반시계 방향 – 커서 아래로 이동

(2) 기기 초기화 방법

① 전면 아크릴 도어를 엽니다.

② LCD 창 안쪽에 흰색의 버튼(리셋버튼)을 누릅니다.

※ 긴급 비상정지 기능으로도 사용 가능

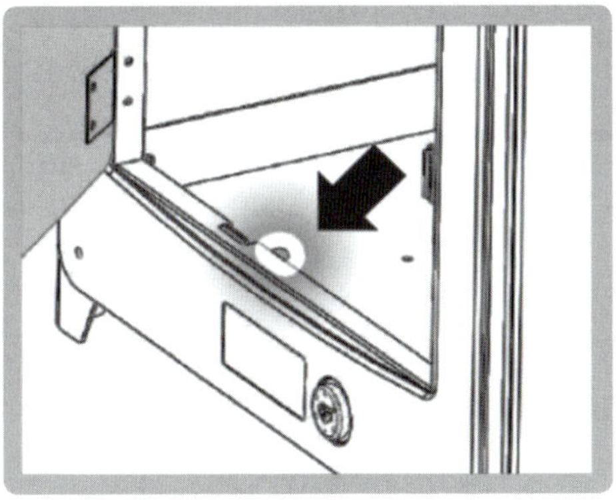

(3) 출력 중 긴급정지 방법

방법 1 LCD 메뉴 중 「Stop Print」를 실행해 주세요.

방법 2 리셋버튼을 누릅니다

(4) 출력 중 속도 조절 방법

출력 중 LCD 조절 버튼을 오른쪽으로 돌리면 출력 속도가 증가되고 왼쪽으로 돌리면 출력속도가 감소됩니다.

※ LCD 창에 나타나는 F/R은 출력속도를 표시하는 것으로 G코드 생성시 설정된 속도에 대한 %로 나타납니다.

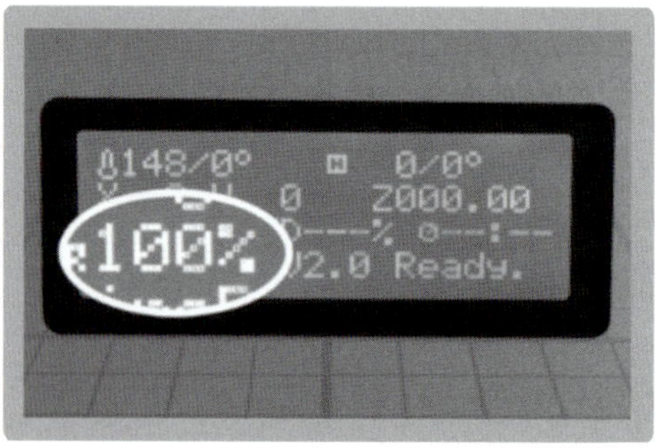

☑ LCD 메뉴 구성도

- ▶ User Setting — 사용자 세팅
  - ▶ Set PLA 1 — PLA 온도 원터치 세팅 1
  - ▶ Set PLA 2 — PLA 온도 원터치 세팅 2
  - ▶ Set PLA 3 — PLA 온도 원터치 세팅 3
  - ▶ Set ABS 1 — ABS 온도 원터치 세팅 1 (히트베드 사양에 해당)
  - ▶ Set ABS 2 — ABS 온도 원터치 세팅 2 (히트베드 사양에 해당)
  - ▶ Set ABS 3 — ABS 온도 원터치 세팅 3 (히트베드 사양에 해당)
- ▶ Filament Change — 필라멘트 체인지
  - ▶ Filament Loading — 필라멘트 아래로 내리기
- ▶ Prepare — 준비
  - ▶ Disable Steppers — 수도 제어
  - ▶ AutoHome — XYZ축 0점 위치로 이동
- ▶ Control — 개별설정
  - ▶ Temperature — 온도 등 세부 개별 설정
    - ▶ Nozzle — 노즐의 온도설정
    - ▶ Bed — 베드의 온도설정 (히트베드 사양에 해당)
    - ▶ Fan Speed — 냉각팬 속도설정 (0~255)
    - ▶ Preheat PLA conf... — PLA온도 세팅 변경
      - ▶ Nozzle — 노즐의 온도설정
      - ▶ PLA 1 — PLA 1 온도세팅 변경
      - ▶ PLA 2 — PLA 2 온도 세팅 변경
      - ▶ PLA 3 — PLA 3 온도 세팅 변경
    - ▶ Preheat PLA conf... — ABS온도 세팅 변경 (히트베드 사양에 해당)
      - ▶ ABS 1 — ABS 1 온도세팅 변경
      - ▶ ABS 2 — ABS 2 온도세팅 변경
      - ▶ ABS 3 — ABS 3 온도세팅 변경
      - ▶ Store Memory — 세팅 저장
- ▶ Print from SD — SD메모리에 담긴 G코드파일 탐색
- ▶ Stop print — 출력 중 비상정지

저자 소개

이양창

• 대림대학교 기계과

유충현

• 대림대학교 기계과

김철환

• 대림대학교 건축과

3D 프린팅 활용과 실무

2017년 6월 10일 발행

저　　자 • 이양창 · 유충현 · 김철환
발 행 자 • 최 봉 조
발 행 처 • 진샘미디어
주　　소 • 서울시 은평구 역촌동 58-9 부호아파트 102동 상가 5호
전　　화 • 02)353-4421 / FAX 02)353-4431
홈페이지 • www.jinsaem.co.kr

신고번호 • 제311-2005-000025호
I S B N • 979-11-85504-73-5　　93550

정가 13,000원